BASKI
7. BASIM / ŞUBAT 2003
AKDENİZ YAYINCILIK A.Ş.
Matbaacılar Sitesi No: 83
Bağcılar - İSTANBUL

ISBN 975 - 405 - 105 - 4

ALTIN KİTAPLAR YAYINEVİ
Celâl Ferdi Gökçay Sk.
Nebioğlu İşhanı Cağaloğlu-İST.
Tel: (0212) 513 63 65 - 526 80 12
520 62 46 - 513 65 18
Faks: (0212) 526 80 11
www.altinkitaplar.com.tr
info@altinkitaplar.com.tr

ALTIN ÇOCUK
KİTAPLARI

MİLLİ EĞİTİM, GENÇLİK VE SPOR BAKANLIĞI TALİM VE TERBİYE KURULUNUN 27. 5. 1986 TARİH VE 4429 NUMARALI YAZISIYLA, 1739 SAYILI KANUN GEREĞİ, İLK VE ORTAOKULLARA TAVSİYE EDİLMİŞTİR.

HER ÜLKEDEN MASAL

ALTIN MASALLAR

I

TÜRKÇESİ
ZEYNEP ALP

GÖKKUŞAĞI DİZİSİ

ALMAN

PAMUK PRENSES

Çok eski zamanlarda bir kış günü Kraliçe odasında pencerenin kenarında oturmuş, iş işliyormuş. Bazen pencereye dayanıp yağan karı seyredermiş... Bir gün yine böyle oturup iş işlerken iğne başparmağına batıvermiş. Parmağından bir damla kan çıkıp beyaz karların üzerine damlamış.

Kraliçe bakıp içini çekmiş. «Ah! Ah! Kar kadar beyaz, kan kadar kırmızı, abanoz kadar siyah saçlı bir kızım olsaydı...» demiş.

Tanrı Kraliçenin bu isteğini yerine getirmiş. Çok geçmeden Kraliçenin bir kızı olmuş. Teni kar kadar beyaz, dudakları kan kadar kırmızı, saçları da abanoz kadar siyahmış. Kraliçe kızını kucaklayıp öptükten sonra ona Pamuk Prenses adını koymuş. Ama ne yazık ki, çok geçmeden Kraliçe ölmüş.

Kısa bir süre sonra Kral tekrar evlenmiş. Yeni Kraliçe çok güzelmiş, ama çok hain ve kendini beğenmiş bir kadınmış. Kimsenin kendisinden güzel olmasına dayanamazmış. Kraliçenin bir sihirli aynası varmış. Kraliçe bu aynaya bakmaktan hiç usanmazmış. Bazen de aynaya sorarmış:

Duvardaki sihirli ayna,
Güzeller güzelini söyle bana.

Sihirli ayna da cevap vermiş:

Güzel kadın sen güçlü bir Kraliçesin,
Sanırım dünyadaki en güzel kadın sensin.

Böyle aradan yıllar geçmiş. Pamuk Prenses on iki yaşına gelmiş. Bir gün Kraliçe yine aynanın karşısına geçip, dünyadaki en güzel kadın kim, diye sormuş. Sihirli ayna hiç yalan söylemezmiş. Pamuk Prenses, demiş.

Bunu duyan Kraliçenin yüzü kızarmış, sonra da sapsarı olmuş. Pamuk Prensesten nefret etmeye başlamış. Pamuk Prensese olan nefreti, kıskançlığı her gün biraz daha artıyormuş. Sonunda Kraliçe artık buna dayanamaz olmuş.

Bir gün avcısını çağırtmış. «Bu kötü çocuğu ormana götür. Orada onu öldür. Kalbini de bana getir,» demiş.

Avcı Kraliçenin önünde eğilip çocuğu almış, ormana götürmüş. Ama tam bıçağını çıkarıp da kızcağızı keseceği sırada Pamuk Prenses ağlayarak, «Sevgili avcı, n'olur beni öldürme. Sana söz veriyorum ormana çıkıp, bir daha eve hiçbir zaman dönmeyeceğim,» demiş.

Çok güzel olan Pamuk Prensesi avcı zaten öldürmeye kıyamıyormuş. Böyle yalvarınca da kabul etmiş. «Kaç öyleyse, güzel çocuk...» demiş. Kendi kendine de, vahşi hayvanlar nasıl olsa çok geçmeden onu yiyecekler. Kraliçenin emri de böylece yerine gelmiş olacak, diye düşünmüş.

Avcı genç bir yaban domuzunu öldürüp, kalbini Kraliçeye götürmüş. Kraliçe de avcıya bol para vermiş. Ama Pamuk Prenses avcının sandığı gibi hayvanlara yem olmamış. Ormanda dikenli çalılar ve taşlar arasında koşmuş, koşmuş. Sonunda akşam olmaya başlamış. Pamuk Prenses artık iyice yorulmuş. O sırada önüne küçük bir kulübe çıkmış. Pamuk Prenses geceden korunmak ve biraz dinlenmek için hemen kulübeye girmiş.

Kulübede her şey çok temiz ve düzgünmüş, ama her şey minicikmiş. Ortada temiz beyaz örtülü masa varmış. Masada içinde yemekler olan yedi ufacık tabak, tabakların yanında da yedişer tane ufak çatal, bıçak ve bardak varmış. Duvarın kenarında da üstleri tertemiz örtülü yedi küçük yatak varmış.

Pamuk Prenses etrafına bakınmış. Kimsecikleri görememiş. Karnı da öyle acıkmış ki, dayanamayıp her tabaktan biraz yemek alıp yemiş, her bardaktan da biraz su içmiş. Yatakları birer birer denedikten sonra yedinci yatağa gelmiş. Bu yatak çok rahatmış. Böylece duasını edip uykuya dalmış.

Pamuk Prenses uyuyadursun, hava kararınca evin sahipleri gelmişler. Bunlar yakın bir dağda yerin altında çalışan Yedi Cücelermiş. Yedi cüceler evlerine girince yedi mum yakmışlar. Mumlar odayı aydınlatınca, hiçbir şeyin bıraktıkları gibi olmadığına görmüşler.

Birinci cüce, «Benim iskemlede kim oturmuş?» demiş.

İkinci cüce, «Benim tabağımdan yemeğimi kim yedi?» demiş.

Üçüncü cüce, «Benim ekmeğimi kim ufalamış?» demiş.

Dördüncü cüce, «Benim sebzelerimi kim yemiş?» demiş.

Beşinci cüce, «Benim çubuklarımı kim kesmiş?» demiş.

Altıncı cüce, «Benim bıçağımla kim kesmiş?» demiş.

Yedinci cüce, «Benim bardağımdan kim içmiş?» demiş.

O sırada yatağını gören birinci cüce, «Benim yatağımda biri yatmış,» demiş. Yedinci cüceye kadar hepsi yataklarına bakınca aynı şeyi söylemişler. Yedinci cüce yatağına bakınca heyecanlanmış. Öbür cüceleri yanına çağırmış. Hepsi mumlarıyla yedinci cücenin başına üşüşüp de Pamuk Prensesi görünce, «Hayırdır inşallah, ne kadar güzel bir çocuk bu böyle..» demişler.

Bu güzel kızı odalarında buldukları için o kadar sevinmişler ki, onu uyandırmamışlar bile. Yataksız kalan yedinci cüce de öbür cücelerin yatağını paylaşmış.

Sabah olmuş. Pamuk Prenses uyanmış. Karşısında yedi tane cüce görünce önce biraz korkmuş. Ama sonra onlara başına gelenleri anlatmış. Cüceler olanları duyunca, Pamuk Prensese onlarla birlikte oturması için yalvarmışlar.

«Biz çalışırken sen eve bakar, temizlik yapar, çamaşırları onarır, bize yemek pişirirsin,» demişler.

«Hem burada kalırsan o hain üvey annen seni hiç bulamaz,» demişler.

Cücelerin bu sözleri Pamuk Prensesi çok sevindirmiş. Böylece Pamuk Prenses dağın eteğindeki ufak kulübede cücelerle birlikte çok mutlu yaşamaya başlamış. Sabahları cüceler bakır ve altın ocaklarına gidince evi temizler, çamaşırlarını yamar, yemeklerini pişirirmiş. Her akşam onlar gelmeden sofralarını kurar, cüceler gelince de tabaklarına pişirdiği güzel yemekleri koyarmış. Pamuk Prenses bütün gün evde yalnız kalırmış. Cüceler her sabah giderlerken ona tembih ederlermiş. «Üvey annenden kork. O senin nerede olduğunu mutlaka öğrenecektir. Onun için eve kimseyi alma...»

Aradan günler geçmiş. Pamuk Prensesin öldüğünü sanan Kraliçe, artık kendinin dünya güzeli olduğuna inanıp aynasına bakmaz olmuş. Ama bir gün canı övülmek isteyince yine aynasının karşısına geçmiş.

Duvardaki sihirli ayna,
Güzeller güzelini söyle bana,

demiş.

Doğruyu söyleyen ayna, Kraliçeye şöyle demiş:

Güzel kadın, Güçlü Kraliçe,
O olmasa en güzel sen olurdun.
Ama Pamuk Prenses bir dağın eteğinde yaşar,
Yedi Cücelerle birlikte oturur,
İşte dünya güzeli odur.

Aynadan bu sözleri işiten Kraliçe öfkeden deliye dönmüş. Avcının onu aldattığını da anlamış. Bu sefer Pamuk Prensesi mutlaka öldürmeye karar vermiş. Düşünmüş taşınmış, sonunda yaşlı bir satıcı kılığına girip, yedi cücelerin kulübesine gitmek üzere yola çıkmış.

Ormanlar dereler geçmiş, yedi dağları aşmış, sonunda cücelerin kulübesine gelmiş. Kapıyı hafifçe vurup, «Güzel şeyler satıyorum, mallarımı ucuza veriyorum,» diye bağırmaya başlamış.

Sesi duyan Pamuk Prenses camdan bakmış. Yaşlı bir satıcı görünce kapıyı açmış. Kadının sepetindeki güzel şeyleri görmek için dışarı çıkmış. Prenses sepetteki şeylere bakıp aralarından güzel parlak renkli, bele sarılacak bir kurdele seçmiş.

İhtiyar satıcı, «Güzel çocuk, gel bu seferlik kurdeleni beline ben sarayım, sen de nasıl sarılacağını öğren,» demiş.

Kurdeleyi nasıl saracağını pek iyi bilmeyen Pamuk Prenses, satıcı kadının bu sözüne sevinmiş, karşısına durmuş. Ama satıcı kurdeleyi o kadar çabuk ve o kadar sıkı sarmış ki, nefes alamayan Pamuk Prenses ölü gibi yere yığılmış.

Kraliçe sevinç içinde, «İşte şimdi dünya güzeli benim!» diye bağırıp yedi dağı aşmış ve evine dönmüş.

Evine gelir gelmez aynanın karşısına geçip yine aynı soruyu sorunca, sihirli ayna ona şunları söylemiş:

Yedi dağın ardında yedi cüceler yaşar.
Onların yanında da dünya güzeli Pamuk Prenses yaşar.

Meğer, Kraliçe Pamuk Prensesin yanından ayrıldıktan sonra Yedi Cüceler evlerine gelmişler. Pamuk Prensesi o halde görünce, belinden kurdeleyi çözmüşler. Pamuk Prenses de rahat nefes alıp kısa sürede kendine gelmiş. Olanları Yedi Cücelere anlatmış.

Cüceler Pamuk Prensesi dinledikten sonra, «O ihtiyar satıcı kadın mutlaka kılık değiştirmiş Kraliçedir. Bundan sonra daha dikkatli olmalısın, biz yokken hiç kimseye kapıyı açmamalısın,» demişler.

Cücelerin bu öğütleri çok yerindeymiş. Çünkü birkaç gün geçince yine yedi dağları aşıp bir satıcı kadın gelmiş. Pamuk Prensesin kapısını vurmuş. Pamuk Prenses önce kapıyı açmamış ama sonunda dayanamayıp açmış.

Kapının önünde durup, kadının sepetindeki güzel şeylere bakmış. Satıcı kadın Pamuk Prensese, «Güzel saçlarına takmak için güzel bir tarak al. Çok güzel, çok ucuz taraklarım var!» diye bağırmaya başlamış. Pamuk Prenses de bir tarak alıp başına takmış. Ama dişleri zehirli olan tarağı başına takar takmaz olduğu yere yığılmış.

Kraliçe yine sevinçle gidedursun, Yedi Cüceler eve gelip Pamuk Prensesi yerde ölü gibi yatar bulunca kucaklarına alıp kaldırmışlar. Kaldırırken Pamuk Prensesin başındaki tarak düşmüş, Prenses yavaş yavaş iyileşmiş.Onlara başına gelenleri anlatmış.

Cüceler de yine ona, «Bu satıcı yine kılık değiştirmiş Kraliçedir,» demişler. «Artık sakın kapıyı kimseye açma.»

Yedi dağları aşıp sonunda eve varan Kraliçe doğru sihirli aynanın karşısına gidip aynı şeyi sorunca, ayna şunları söylemiş:

Yedi dağların ardında yedi cüceler yaşar,
Onların yanında da dünyalar güzeli Pamuk Prenses yaşar.

Kraliçe hiddetinden boğulur gibi olmuş, fenalıklar geçirmiş. Ama biraz kendine gelince, Pamuk Prensese yeni bir zehir hazırlamak için işe koyulmuş. Ateşte bir kap içinde en kuvvetli zehri pişirmiş. Sonra bir yanı kırmızı, bir yanı yeşil bir elma almış, bütün zehri kırmızı olan yana koymuş. Elmanın yeşil yanına hiç zehir koymamış. Bu işi de çok ustalıkla yapmış. Sonra Kraliçe bir çingene kılığına girmiş. Yedi dağları aşıp Yedi Cücelerin kulübesine gitmiş, kapıyı vurmuş.

Pamuk Prenses camdan bakıp çingeneye seslenmiş. «Boşuna bekleme, ben dışarı senin yanına gelmem. Sen de içeri giremezsin. Çünkü Yedi Cüceler kapıyı açmamı yasak ettiler,» demiş.

«Zararı yok canım,» demiş çingene. «Al, ben sana bir elma uzatayım.»

Pamuk Prenses, «Hayır, hayır istemem, korkarım,» demiş. Bunun üzerine çingene kadın, «Yoksa zehirlidir diye mi korkuyorsun? Öyleyse önce ben şu yeşil yanından ısırayım da, sen de korkmadan güzel kırmızı yanını ye,» deyip elmanın yeşil yanını bir iki kere ısırmış. Çingene kadının elmayı yediğini gören Pamuk Prensesin hiç korkusu kalmamış. Sevinerek elini uzatıp almış. Isırır ısırmaz da yere yığılmış. Kraliçe sevinç içinde bağırmış. «İşte artık dünyada en güzel benim!» Böylece Pamuk Prensesin öldüğünden emin, yedi dağları aşıp evine dönmüş. Doğru sihirli aynaya gitmiş.

Duvardaki sihirli ayna,
Güzeller güzelini söyle bana.

Ayna da cevap vermiş.

Güzel kadın, sen ki kudretli bir Kraliçesin,
Sanırım dünyadaki en güzel kadın sensin.

Akşam olup Yedi Cüceler eve gelince Pamuk Prensesi yerde yatar bulmuşlar. Çok üzülen cüceler Pamuk Prensesi diriltmek için her çareye başvurmuşlar, saçlarını açıp taramışlar, giysilerini değiştirmişler, Pamuk Prensesi temiz sularla, şaraplarla yıkamışlar, ama boşuna. Pamuk Prenses bir türlü dirilmemiş.

Ama ölü de olsa öyle güzelmiş ki, cüceler onu toprağa gömmeye kıyamamışlar. Camdan bir tabut yapıp Pamuk Prensesi içine koymuşlar. Camın üstüne de altın harflerle onun isimini ve bir kral kızı olduğunu yazmışlar. Tabutu alıp dağın tepesine götürmüşler. Yedi Cücelerden her gün biri tabutun başına oturur, hâlâ kar kadar beyaz tenli, kan kadar kırmızı dudaklı, abanoz kadar siyah saçlı Pamuk Prensesin tabutunu beklermiş.

Böylece aradan yıllar geçmiş. Bir gün ormanda atla gezmeye çıkan bir Prens, gece olunca Yedi Cücelerin kulübesine sığınmış. Sabah olup da Prens dışarı çıkınca içinde güzel Pamuk Prensesin bulunduğu tabutu görmüş. Tabutun üzerindeki altınla yazılmış olan yazıyı okuyunca Prens, «Bu tabutu bana verin,» demiş. «Ona karşılık size ne isterseniz veririm.»

Yedi Cüceler de ona, «Biz bu tabutu dünyadaki bütün altınlara değişmeyiz...» diye cevap vermişler.

«Öyleyse onu bana armağan edin,» diye Prens yalvarmış. «Çünkü ben artık Pamuk Prensesi görmeden yaşayamam.»

Prensin yalvarmalarına dayanamayan iyi kalpli cüceler tabutu ona vermişler.

Prens adamlarını çağırıp tabutu dağdan indirmelerini söylemiş. Adamlar tabutu indirirken ayakları bir taşa çarpınca ellerinde tuttukları tabut öyle sarsılmış ki, zehirli elma Pamuk Prensesin boğazından fırlamış, zehirli elma çıkınca da Pamuk Prenses dirilip, «Neredeyim ben?» diye sormuş.

Prens sevinçle, «Güzel Pamuk Prenses, korkma benimlesin,» demiş. «Ben seni dünyadaki her şeyden çok seviyorum. Benimle babamın sarayına gel, orada benim karım ol.»

Prens sonra da Yedi Cücelerin kulübesine gelişini ve ondan sonra olanları anlatmış. Pamuk Prenses de Prensin anlattıklarını dinledikten sonra ona âşık olup, dünyada bu Prensten başkasını sevemeyeceğini anlamış.

Böylece Pamuk Prenses iyi kalpli Yedi Cücelere ona yaptıkları her şey için teşekkür ettikten sonra Prensle birlikte Prensin babasının sarayına gitmek üzere yola çıkmış.

Saraya varınca Pamuk Prensesle Prensin düğünleri yapılmış. Hem de öyle büyük, öyle parlak bir düğün yapılmış ki, bütün komşu ülkelerin kralları, kraliçeleri bu düğüne davet edilmişler. Davet edilenler arasında Pamuk Prensesin üvey annesi hain Kraliçe de varmış. Kraliçe düğüne hazırlanmış. En güzel, en süslü elbiselerini giymiş, bütün elmaslarını, pırlantalarını takmış, sonra da kendinden emin sihirli aynanın karşısına oturmuş.

Duvardaki sihirli ayna,
Güzeller güzelini söyle bana.

Hep doğruyu söyleyen sihirli ayna Kraliçeye şunları söylemiş.

Sanırım bu ülkenin en güzeli sensin.
Ama güzelliği geçer seni genç Kraliçenin.

Aynanın bu sözlerini duyan hain Kraliçe kıskançlığından bağırmış, tepinmiş, düğüne gitmeyeceğini söylemiş. Ama yine-de gitmeden duramamış. Çünkü kendinden güzel olan bu genç Kraliçeyi çok merak ediyormuş.

Böylece hain Kraliçe düğüne gitmiş. Düğün salonuna girince, karşısında ne görsün!.. Yeni gelin, genç Kraliçe, Pamuk Prenses değil miymiş? Hain Kraliçe artık hiddetinden, kıskançlığından deliye dönmüş, nefesi tıkanmış, çok geçmeden de yere yığılmış kalmış.

Böylece Pamuk Prensesle Prens kısa sürede iki ülkenin de Kral ve Kraliçesi olup, ömürlerinin sonuna kadar mutlu yaşamışlar.

AMERİKAN

KÜÇÜK KIZILDERİLİYLE KURTLAR

Bir zamanlar çok iyi kalpli Kızılderili bir savaşçı varmış. Bu Kızılderili kimseye kötülük etmez, herkesi severmiş. Bu iyi kalpli adam kabilesinin yaptığı kötülüklerden, arkadaşlarının kötü kalpliliklerinden bıkmış usanmış.

Böylece günün birinde karısını ve çocuklarını da yanına alarak ormana gitmiş. Hızla akan derenin kıyısında bir düzlük bulmuş. Buraya çadırını kurmuş ve yıllarca ailesiyle birlikte neşe içinde yaşamış. Soğuk günlerde giyecekleri derileri ve yiyecekleri eti bulmak için arasıra vahşi hayvan avlamaya gidermiş. Bunun dışında evinden hiç ayrılmazmış.

Sonunda bir gün Kızılderili savaşçı hasta olmuş, çok geçmeden de artık öleceğini anlayıp üç çocuğunu ve karısını yanına çağırarak şöyle demiş, «Neşeli Av Ülkesini aramak için sizlerden ayrılıyorum. Benim sevgili karıcığım, geçen günlerimin arkadaşı, çok geçmeden sen de beni izleyeceksin. Ama siz çocuklarım, daha gençsiniz, hepinizin önünde upuzun birer hayat var. Her biriniz bu hayatta kötü kalplilik ve kötülüklerle karşılaşacaksınız. Ben bunlardan kaçıp bu ormana geldim. Her zaman birbirinize yardım edeceğinize, birbirinizi seveceğinize, küçük kardeşinizi hep koruyacağınıza, ondan ayrılmayacağınıza söz verirseniz, ben de sizden kalbim ferah ayrılabilirim,» demiş.

Çocukları da, «Hiçbir zaman ondan ayrılmayız,» diyerek ellerini kaldırıp yemin etmişler. Böylece Kızılderili savaşçı gönül rahatlığıyla yatmış ve ruhu Neşeli Av Ülkesini aramak için oradan ayrılmış.

Sekiz ay geçmeden, tıpkı söylediği gibi karısı da onun arkasından gitmiş, üç çocuğu yalnız başlarına bırakmış. Ama ölmeden önce o da iki büyük oğluna küçük kardeşlerinin daha küçücük bir çocuk olduğunu, yiyeceğini bile yalnız bulamayacağını söylemiş ve onu hiçbir zaman bırakmamaları için yalvarmış.

«Hiçbir zaman ondan ayrılmayız,» diyen çocuklar tekrar söz vermişler. Böylece anne de huzur içinde Neşeli Av Ülkesine göçmüş.

Etrafın karla kaplı olduğu, rüzgârın çam ağaçlarının arasında kurtlardan daha korkunç sesler çıkardığı zamanlarda, iki kardeş küçük kardeşlerine sevgiyle bakmış ve onu korumuşlar.

Ama bahar gelip de kara topraktan yeşil otlar çıkmaya başlayınca, üçünün en büyüğü olan erkek kardeşin kalbi kıpırdanmaya başlamış. Babasının kabilesinin çadırlarını görmek, onların savaş danslarına katılmak için içinde dayanılmaz bir istek uyanmış. İsteklerini kız kardeşine söylemiş. Kardeşi de ona,» Sevgili ağabeyciğim, genç savaşçılara katılmak isteğin tuhaf değil, biz burada hiçbir kız ya da erkeğe rastlamıyor, hiç arkadaş edinemiyoruz. Ama kendi isteklerimizi yapmak için gidersek küçük kardeşimizi yalnız bırakacağız. Sözümüzde de durmamış olacağız,» diye cevap vermiş.

Genç adam kardeşinin sözlerini dinleyecek halde değilmiş. Okunun yayını gerip, battaniyesine sarılıp, ormanın içinde yola koyulmuş. Yaz gelip geçmiş, kar yağmış, ama genç ve cesur kardeş bir daha geri dönmemiş.

Zaman geçmiş. Büyük ablanın da yüreği sertleşip kötüleşmeye başlamış. Genç erkeklerin dans ettiği, genç kızların alkışladığı Kızılderili köylerine gitmek ister, küçük kardeşinin kendisine engel olduğunu düşünürmüş.

Böylece bir gün kardeşine, «İşte sana gelecek ayın sonuna kadar yetecek yiyecek. Burada çadırımızın gölgesinde otur. Ben kaybolan ağabeyimizi aramaya gidiyorum. Bulduğum zaman geri geleceğim,» demiş.

Genç kız battaniyesine sarınıp eline baltasını almış, kara ormanın içine dalmış ve sonunda kasabaya varmış. Bir de bakmış ki, ağabeyi genç bir kızla evlenmiş, savaşçıların en büyüğü, en güçlüsü olmuş. Bunu görünce çadıra dönmek için hiç acele etmemiş. Bir gün genç bir delikanlı onu karısı olarak seçince de, ormanda yalnız kalan ufacık kardeşini hepten unutmuş, sadece kocasını düşünmüş.

Küçük kardeş ise ormanda yalnız başına yaşamış. İlk zamanlar her şey iyi gitmiş. Ablasının bıraktığı yiyecek bitince ormana gidip kendine meyva, ot koparmış. Yaz geçip de kurtlar gelince, rüzgârlar esmeye başlayıp da kar yağınca, çocukcağız üşümüş ve yapayalnız kalmış. Akşamları çadırda korkudan yere çömelir ya da ağaçlarda saklanırmış. Gündüzleri de cesurca kurtların artıklarını aramaya çıkarmış.

Böyle yapayalnız, insanlardan uzak yaşayan küçük kardeş kurtlarla arkadaş olmaya başlamış. Vahşi hayvanları görünce onları izler, avlarını öldürürürken onları seyredermiş. Kurtlar yakaladıklarını yerken yanlarında otururmuş. Sonunda bu vahşi hayvanlar da küçük kardeşi tanımaya başlamışlar ve artıklarını ona vermişler. Kurtlar ona bu yiyecekleri vermezlerse, zaten o karda soğuktan, açlıktan ölüp gidecekmiş.

Bir gün rastlantı eseri büyük savaşçı ağabeyi kayığıyla göl kenarında balık avlıyormuş. Birden küçük bir çocuğun çamların arasında Kızılderililer gibi şarkı söylediğini işitmiş.

Ah benim ağabeyciğim! Gel benim ağabeyciğim!
Ben bir kurt çocuk oluyorum.
Yakında kocaman bir kurt olacağım!

Şarkı bitince küçük çocuğun sesi uzun ve acıklı ulumaya dönüşmüş, tıpkı bir kurdun ulaması gibi...

Genç savaşçı, korku ve utançla sarsıldığını hissetmiş. Babasına verdiği sözü hatırlamış. Kardeşlerini bir zamanlar ne kadar çok sevdiğini düşünmüş.

Çabucak sandalını kıyıya çekmiş ve hemen çalılıkların arasına dalmış. «Kardeşim, benim küçük kardeşim, gel bana!..» diye seslenmiş.

Ama küçük kardeş artık yarı yarıya kurt sayılırmış. Şarkısını bile Kızılderili dilinde söylemiyor, onun yerine havlar gibi garip sesler çıkarıyormuş.

«Kardeşim, küçük kardeşim!» diye ağabeyi daha yüksek sesle bağırmaya başlamış. O daha fazla bağırdıkça, kurdun avcıdan kaçtığı gibi, kardeşi de ondan kaçmaya başlamış. Daha hızlı koştukça derisi sertleşmiş. Kısa zamanda da dört ayağı üzerinde koşmaya başlamış. Biraz sonra da kurtlarla beraber ulumuş ve ormanın derinliklerinde kaybolmuş.

Böylece utanç ve pişmanlık içinde, genç savaşçı kasabaya dönmüş. Yalnız bıraktıkları, sözlerinde durmadıkları için kurt olan küçük kardeşlerini düşünerek, iki kardeş de bütün hayatları boyunca üzüntü içinde yaşayıp, yas tutmuşlar.

KIZILDERİLİ

KURTBAŞININ OĞLU

Tlingit kabilesinin Kızılderilileri çok uzaklarda, büyük bir denizin kıyılarında ufak kulübe ve evciklerini yaparak yerleşmişler. Hayvan derisi ve ağaç kabuğundan yapılmış evlerinde mutluluk içinde yaşıyorlarmış.

Bir gün ülkelerinde kıtlık başlamış ve Kızılderililerin birçoğu açlıktan ölmüş. Kalanların da hali korkunçmuş. Açlık ve ümitsizlikten o kadar halsiz düşmüşler ki, battaniyelerine sarılıp ölümü beklemeye başlamışlar.

Ama Tlingit kabilesinde oturup ölümü beklemeye razı olmayan bir çocuk varmış. Bu çocuk her gün yayını ve okunu alıp ormana gider, annesi ve kendi için yiyecek bir şeyler bulmaya uğraşmış.

Yine bir gün ormanda dolaşırken acayip bir hayvan bulmuş. Hayvan köpeğe benziyormuş, ama köpek de değilmiş. Tüylü, yuvarlak ve pek cana yakın olan bu köpeği çocukcağız çok aç olduğu halde öldürüp yemeye kıyamamış, battaniyesinin bir köşesine sarıp eve getirmiş. Evde üzerindeki kar ve çamurları güzelce yıkayıp temizledikten sonra, birlikte ormana gittikleri zaman hemen tanıyabilmesi için başını ve ayaklarını kırmızı bir boyayla boyamış.

Ertesi sabah çocuk yine erkenden kalkmış ve yeni köpeğiyle ormana gitmiş. Küçük hayvan o kadar hızlı koşuyormuş ve öyle akıllıymış ki, kısa sürede onları birkaç gün doyurabilecek kadar kuş avlayabilmişler. Böylece o akşam kulübelerine dostlarını bile yemeğe çağırmışlar

Birkaç gün sonra çocuk yine ormanda avlanırken, birden küçük dostunun görünürlerde olmadığını farketmiş. Kulağını toprağa koyup dinleyince, çok uzaklardan gelen bir ses işitmiş. Hassas kulağıyla sesin geldiği uzak yeri bulunca da ufak bir çukur görmüş. Köpeği büyük dağ koyunlarından birini öldürmüş, çukurun içine koymuş, başında beklermiş.

Çocuk şaşırmış. «Sen sahiden köpek misin, bilemiyorum? Ne olduğunu bilmek isterdim. Ama yine de sana bir köpek gibi bakacağım,» demiş. Et pişince de en iyi parçalarını sadık dostuna vermiş.

O günden sonra çocuk her gün annesine ve dostlarına yiyecek getirmiş. Böylece bütün köy halkı şişmanlamış, keyifleri yerine gelmeye başlamış. Ama bütün bu günlerde çocuk en iyi etleri küçük dostuna vermeyi hiç unutmamış.

Aradan birkaç hafta geçtikten sonra bir gün ablasının kocası gelmiş. «Ben bugün ava gidiyorum, köpeğini bana ver, yardımı olur...» demiş.

Adam çok iriyarı, sinirli savaşçıymış. Çocuk onun isteğini reddetmeye cesaret edememiş ve acayip dostu için yaptığı kulübeye gidip, her zamanki gibi başını ve ayaklarını kırmızıya boyadıktan sonra köpeği eniştesine vermiş.

Sonra da avın en iyi yerlerini köpeğe vermesi için eniştesine yalvarmış ama adam cevap bile vermemiş. Küçücük hayvanı yakaladığı gibi battaniyesinin içine sarmış ve ormana yollanmış.

Bu adam çok cimri ve kötü kalpliymiş. Küçücük hayvan ona bütün bir yabani koyun sürüsünü öldürmüş. Ama o hayvana ancak etlerin kimsenin yemeyeceği en pis yerlerini vermiş ve şöyle demiş: «Al bunları ye. Senin gibi bir hayvan için bunlar çok bile.»

Küçük hayvan kendisine verilen etlere bir göz attıktan sonra arkasını dönmüş ve bağırarak dağlara doğru kaçmış.

Adam bütün koyunları tek başına taşımak zorunda kalmış. Gece yarısı yorgunluktan yıkılır bir halde, bütün koyunlarıyla köye varmış. Merak içinde onu bekleyen çocuk sormuş. «Küçük köpeğim nerede?»

«Hiç işime yaramadı, benden kaçtı...» diye kızgın kızgın eniştesi homurdanmış.

Zavallı çocuk da ablasına gidip yalvarmış. «Ne olur, ona sor, köpeğime ne yapmış?» demiş. «Zaten küçük arkadaşımı vermeyi hiç istememiştim, bir şey olacağından hep korkuyordum.»

Ablası da, «Koyunların bağırsaklarını ona verdi, senin nazik köpeğin de memnun olacak yerde dağlara kaçtı,» demiş.

Çocuk ablasının anlattıklarını duyunca çok üzülmüş ve küçük arkadaşını aramaya koyulmuş. Çok geçmeden yolda onun ayak izlerini tanımış, biraz ötede de otlara bulaşan kırmızı boyalara rastgelmiş. Şimdiye kadar en cesur Tlingitlerin bile gidemeyeceği kadar uzak dağlara gitmiş. Sonunda çok uzun, kara bir nehre gelmiş. Nehir o kadar uzunmuş ki, ne başı, ne de sonu görünüyormuş. Nehrin tam kenarında ayak izleri de kaybolmuş. Karşı kıyıya bakınca ufak kulübeleri olan bir köy görmüş. Orada halk sanki oyun oynuyormuş gibiymiş. Karşı sahilden neşeli sesler geliyormuş.

Küçük çocuk, «Şu kara suları aşıp karşıya geçebilsem,» diyerek içini çekmiş. Böyle söyler söylemez de önündeki toprak bir kapı gibi açılmış ve yukarı doğru bir duman fırlamış. Dumanın içinden bir ses, «İçeri gir!» diye çocuğa seslenmiş. Çocuk bakmış, karşısında çok ihtiyar bir kadın var. İhtiyar kadın çocuğa, «Küçük oğul, burada ne işin var? Niçin Durmadan Gezen Hintli Kadını ziyarete geldin?» diye sormuş. Çocuk da ona derdini anlatmış. «Ufak bir hayvan bulmuştum, bir köpeğe benziyordu. O bana yardım etti, aç olan halkıma birlikte yiyecek bulduk. Onu çok seviyordum. Ama eniştem onu kaçırdı ve benim küçük dostum kayboldu,» demiş.

İhtiyar kadın da ona bildiklerini anlatmış. «Onun ailesi nehrin öbür kıyısında yaşar, ama o adi bir köpek değil, Kurtbaşının oğludur. Karşıda duyduğun sesler kurt kabilesinin sesleri, karşısı da onların köyüdür,» demiş.

Çocuk nehrin öbür yanına bakarak içinden düşünmüş. Kurtbaşının köyüne nasıl gidebilirim? İhtiyar kadın çocuğun düşündüklerini işitmiş gibi ona yanıt vermiş. «Benim küçük sandalım aşağıda.»

Çocuk yine düşünmüş. Çok küçük bir sandal beni taşır mı acaba?

İhtiyar kadın yine düşündüklerini işitmiş gibi atılmış. «Onu al, nehrin kenarına götür, içine binmeden önce iyice bir silkele. Göreceksin ki, tam sana göre olacak. İçine gir, rahatça otur ve öbür tarafta olmayı dile. Kürek çekmene hiç gerek yok...»

Çocuk söylenenleri yapmış ve kolayca nehrin öbür kıyısına ulaşmış. Kıyıya çıkınca sandalı tutup bir silkeleyince, küçük bir oyuncak sandal oluvermiş. Çocuk da köye yollanmadan önce onu cebine koymuş.

Köye gelip de, gökkuşağıyla oynayan çocukları görünce, «Başkanın kulübesi nerede?» diye sormuş.

Çocuklar oyunlarından başlarını kaldırmadan, «Köyün öbür tarafında...» diye yanıt vermişler. Böylece epeyce yürüdükten sonra bir açıklığa gelmiş. Burada bir ateş yanıyor, çevresinde de insanlar oturuyormuş... Bir yanda da Başkan Kurt varmış... Oğlu da oracıkta oynuyormuş. Çocuk hemen arkadaşını tanımış. Başkan çocuğu görünce bağırmaya başlamış. «Vah! Vah. Aramızda bir insanoğlu var. Kurt halkı hemen gözden kaybolun!»

Böylece Kurtbaşının oğlundan başka bütün kurtlar gözden kaybolmuşlar. Küçük kurt çocuğun yanına gelmiş, onu koklamış ve hemen tanımış. Başkan bunu görünce yine ortaya çıkmış.

«Korkma!» demiş küçük çocuğa. «Ben senin dostunum. Siz aç kaldığınız zaman ben bu küçük oğlumu size gönderdim yardım etmesi için. Onu aramaya gelmen beni çok sevindirdi... Kırmızı savaş boyasını oğluma sürdüğün için hepimiz çok sevinçliyiz. Çünkü bundan sonra bu boya hepimizde olacak ve bir kurt çok uzaklardan ayaklarında, ağzının etrafında ve burnundaki kırmızı boyayla tanınabilecek...» Kurtbaşı biraz düşündükten sonra sözüne devam etmiş. «Ama oğlumu seninle göndereceğimi sanmıyorum. Onun yerine sana çok değerli iki armağan vereceğim. Duvarda asılı duran şu balık atmacasının tüyünü al. Bir ayıya rastladığın zaman tüyü ayıya doğru tut; tüy elinden hemen uçup ayıyı öldürür. Bir de battaniyemdeki şu tüyü al, onu hasta olan birinin yanına koyarsan, ne kadar hasta olursa olsun, tüy onu hemen iyileştirir. Ama tüyün ters tarafını düşmanının yanına koyarsan düşmanın hemen ölür...»

Çocuk bunları dinledikten sonra Kurtbaşına ve oğluna bakınca, onların artık kurtlara değil de, Kızılderili savaşçılara benzediğini görünce çok şaşırmış.

Çocuk, başkanla iyice arkadaş olup ona sorular sormaya başlamış.

Gelirken gördüğü çocukların oynadıkları gökkuşağını sormuş. Çünkü daha önce hiç böyle bir şeye rastlamamış.

«O benim oyuncağımdır,» demiş başkan. «Onu akşam üstü gökyüzünde görürsen kötü havanın geleceğini anlarsın. Ama sabah görürsen, hiç korkmadan ava gider ya da sandalını nehre indirirsin. Çünkü o zaman iyi hava habercisidir. İşte gördüğün gibi, o çok iyi bir oyuncaktır.»

Sonunda başkan ona, «Şimdi bizimle yemek yemelisin, çünkü önünde aşacağın uzun bir yol var. Başarman için güçlü olman gerek,» dedikten sonra, çocuğun ağzına birkaç lokma vermiş. Bunları yiyince çocuğa evden ayrılalı sadece iki gece olmuş gibi gelmiş. Oysa köyünden ayrılalı iki uzun yıl geçmiş.

Böylece çocuk evine gitmek için yola çıkmış. Evine vardığında artık bir çocuk değil, genç bir adammış.

Tlingit köyünün yakınlarında vahşi bir ayıyla karşılaşmış. Ayı üzerine saldırırken, başkanın armağanını hatırlamış, tüyü çıkarıp ayıya doğru tutunca, tüy elinden uçup ayının kalbine saplanmış.

Eh... Şimdi elinde aç olan dostları için bol taze et varmış. Acele köye yollanmış. Ama yaklaştıkça çok garip bir sessizlik içinde olduğunu farketmiş... Etrafta kimseler görünmüyormuş. Oysa iki gün önce yola çıkarken, adamlar, kadınlar ve çocuklarla doluymuş. Biraz daha yaklaşınca ilk çadırın perdesini kaldırmış ve üç kişinin açlıktan yarı ölü halde yerde yattığını görmüş. Sonra girdiği her çadırda da aynı şeyle karşılaşmış. O gittikten sonra kimse yiyecek bir şey bulamamış, bütün köy halkı açlıktan ölmek üzereymiş. Hemen aklına başkanın ikinci armağanı gelmiş. Cebinden çıkardığı tüyün üst yüzünü yatanların yanına birer birer koyarak hepsini dolaşmış. Dolaştıkça da herkes birer birer sanki uykudan uyanırmışçasına canlanıp kalkmış, çok geçmeden de köy yine hayata kavuşmuş.

Genç adam, «Sizi açlık ve ölümden kurtarmaya geldim,» demiş. «Beni takip edin, ava gidiyoruz.» Hep birlikte yola koyulup dağa çıkmışlar. Çok geçmeden bir vahşi koyun sürüsü görünmüş. Genç adam tüyü o kadar çabuk çıkarıp uçurmuş ki, son koyunun kalbinden çıkardığı zaman, kimse ne olduğunu anlayamamış.

Genç adam geçen defa köpeğini kaybettiği gibi, bu kez de tüyünü kaybetmeye hiç niyetli değilmiş. Kimseye bir şey söylememiş. Köye dönüp ateşlerini yakmışlar, koyunlarını pişirmişler. Dostları bol bol yemiş, dostu olmayanlar da yiyeceklerini ondan parayla satın almışlar. Böylece kabile açlıktan ölmekten kurtulmuş. Tlingit kabilesindeki açlık günleri sona erince, genç adam öbür kabileleri dolaşıp insanları açlıktan ve ölümden kurtarmak için çalışmış. Uzun yıllar önce ölmüş insanları diriltmek epeyce güç oluyor ve epeyce uzun sürüyormuş. Dirildikten sonra da gözleri başlarının içinde, derinde kalıyor, diğer insanların görmediği, bilmediği şeyleri görüyor gibi bir ifade taşıyormuş.

AVUSTRALYA

EJDERHAYLA REİSİN OĞLU

Çok eski zamanlarda dünyanın öbür yanında, güneşin altında dans edip koşuşan savaşçılar varmış. Hava ne kadar sıcak olursa onların o kadar hoşuna gider, o kadar çok zıplar, koşar, dans ederlermiş.

Yüksek tepenin içine oyulmuş tünellerde, mağaralarda yaşayan ailelerine yiyecek aramaya ava çıkarlar, koşup dans eder, kim daha uzağa atacak diye oklarını fırlatırmış. Bir de eğri bir değnekleri varmış ki, bu değnek nereye atsan geri dönermiş, ama çok usta biri bunu fırlatınca değnek yine kendi avucuna geri gelirmiş.

Bir gün ava çıktıklarında çamurlar arasında bir göle varmışlar. Saz kesip, topladıkları kökleri içine koymak için bir sepet örmüşler. Bu kökler onlara en güzel, en lezzetli yemeklerden daha lezzetli gelirmiş.

Savaşçıların başı, «Vaktinizi boşa harcıyoruz,» diye bağırmış birden. «Kök sökmek için kadınlarımızı yollayalım. Bu onların işi. Bu işi çocuklar yapar, bırakalım kökleri söksünler. Biz de gölde bulabildiğimiz balıkları avlayalım,» demiş.

Bunu duyan erkekler neşeyle sıçramış, dans etmişler. Mimoza köklerinden yaptıkları demetleri bırakıp, oltalarına yem aramaya koyulmuşlar. Birçoğu iğnelerine takmak için çamurların arasından kurtlar bulmuş, ama kabile reisinin oğlu çiğ bir et alıp oltasına takmış. Bu onun akşam yemeği için ayırdığı etmiş. Yaptığı işi de hiç kimse görmemiş.

Hiçbirinin oltasına tek bir balık gelmemiş. Güneş göklere tırmanmış, kıpkızıl olmuş. Eve dönme vakti gelmiş, ama ellerinde hiç yiyecek yokmuş. Keşke kökleri ayıklasaydık diye yakınmışlar.

Birden reisin oğlu oltasının ipinin denizin dibine doğru gittiğini görmüş. Boşalan ipi bir türlü tutamamış. «Yardım edin bana, kocaman bir balık yakaladım,» diye bağırmış. Hepsi birden bütün kuvvetleriyle çekmişler, sonunda da avı yakalamışlar.

Bir de bakmışlar ki, yakaladıkları kocaman bir hayvan. Ayıbalığınkine benzer bir de kocaman kuyruğu varmış. Birbirlerine korkuyla bakmışlar. Bu koca hayvanın ne olduğunu hiçbiri bilmiyormuş. Hiçbiri daha önce onu görmemiş, ama babaları, büyükanneleri onlara bu hayvandan bahsetmiş vaktiyle.

O sırada birisi, «Bu bir ejder. Bir ejderin yavrusu. Çabuk bırakın ipini, geri gitsin,» demiş. Ama reisin oğlu ipi bırakmamış. Birden havuzun derinliklerinden bir kımıldama olmuş. Yavru ejderin annesi ininden çıkıp suyun üzerinde belirmiş.

Korkunç sarı gözleri pırıl pırıl parlıyormuş.

«Bırakalım!» diye bağırmışlar adamlar.

«Bir yere bırakamam. Onu ben yakaladım, ben saklayacağım. Sevdiğim kıza söz verdim. Ona üç günlük yiyecek götürmem gerek. Bu onun bütün ev halkına yeter. Belki bu yavru ejderi yiyemezler, fakat hiç olmazsa kardeşlerine oyuncak olur, böylece de belki ben de onun kalbini kazanırım,» diye reisin oğlu diretmiş.

Sonra kılıcını kocaman ana ejderin sırtına fırlatmış. Yavru ejderi de sırtına almış, eve doğru koşmuş. Yavrusunu kaybeden anne için de bir kere bile üzelmemiş.

Artık neredeyse güneş batacakmış. Vadiye gölgeler düşmüş, ama tepelerde hâlâ ışık varmış. Vadide koşmuşlar. koşmuşlar, arkada bıraktıkları ana ejderden hiç korkmadan yollarına devam etmişler. Korkuyu arkada bırakmışlar.

Birden bir ses duymuşlar. Bu ses daha önce hiç duymadıkları bir sesmiş. Sanki arkalarından biri kovalıyormuş. Arkalarına bakmışlar, ne görsünler, gölde sular yükseliyor, yavru ejderi yakaladıkları yer neredeyse ortadan kayboluyor.

Birbirlerine sormuşlar, «Bu nedir acaba, gökte bulut yok, yağmur yağmadı, ama sular yükseldikçe yükseliyor.»

Sular hızla yükselmiş. Hepsi korku içinde beklemişler. Sonra da korku içinde koşmaya başlamışlar. Reisin oğlu yavru ejder sırtında olduğu halde, hepsinden hızlı koşuyormuş. Sonunda yamaca varmışlar, çabucak tırmanmışlar. Bir ara dinlenmek için biraz durmuşlar. «Burada rahatız. Büyük ejderin gölünün sularından kurtulduk,» diye konuşurken aniden ayaklarına bakmışlar. Ne görsünler? Bütün vadi sularla kaplanmış. Ağaçlar da yavaş yavaş gömülmeye başlanmış. Biraz sonra sular yamaçlara tırmanmaya başlamış.

Korkudan ödleri patlamış. Sonunda köye varmışlar. Gecenin aydınlığında ihtiyarlar mağaralarında bekliyor, çocuklar oynuyor, kadınlar birbirleriyle konuşuyorlarmış.

Bunları görünce, ufacık çocuklar bile yavru ejderin yüzünden bir felaket olacağını anlamış.

«Su, su!» diye bağırmış genç erkekler. Arkalarındaki dağa tırmanan su bir türlü durmazmış. Bütün çevreleri sarılmış, sonunda su en tepeye erişmiş.

«Ben seni kurtaracağım,» diyerek reisin oğlu ortaya atılmış ve sevdiği kızı kolundan yakalamış. Uğruna ejderi yakaladığı kıza, «Ben seni kurtaracağım, seni suların tırmanamayacağı en yüksek ağacın tepesine çıkaracağım,» deyip kucağına almış, tırmanmaya başlamış. Ama birden ayaklarında bir soğukluk belirmiş. Ayaklarına bakmış ve birden bağırmış. Artık onlar kendi ayakları değil, kocaman bir kuşun ayaklarıymış.

Kollarındaki güzel kıza bakmış. Kollarındaki güzel kızın yerinde kocaman bir kuş varmış. Yanındaki arkadaşlarına bakmış. Arkadaşlarının hepsi birer kuş olmuş, suda kanatlarını çırpıyorlarmış. Yüzünü kapatmak için ellerini kaldırınca, ellerinin yerine iki kocaman kanat görmüş. Konuşmaya çalışmış ama boğazından başka türlü bir ses çıkmış. Boynu ise artık uzun ve ince bir kuş boynuymuş.

Sular beline kadar gelmiş. Bir de bakmış ki, sevgilisiyle birlikte yan yana suda yüzüyorlar... Sudaki aksine bakmış. Ne olduğunu görmüş: Siyah bir kuğu... Bütün kabile halkı da siyah kuğulara dönüşmüş.

İşte bu siyah kuğuların başlangıcı olmuş. Bu kuğular bir daha insan olamamışlar. Hâlâ birbiriyle tuhaf bir dille konuşurlar, sesleri de ne insan sesine, ne de kuş sesine benzermiş.

Yavru ejder ise annesiyle birlikte sudaki evine dönmüş. O zamandan bugüne dek de böyle bir su baskını bir daha olmamış.

Ama dünyanın öbür tarafında yaşayan karaderili insanlar ejderlerin yaşadığı suya hiç yanaşmazlar, buraya girmemek daha hayırlı derlermiş. Ejderin kocaman başını çıkarıp, pençelerini uzatıp, birini ne zaman içeri çekeceği bilinmezmiş.

Derler ki, ejderin evinde çok güzel çiçekler varmış. Ama kimse bunları denizin dibinde görmek için oraya gitmemiş. Belki bunları ancak kara kuğular bilirmiş, ama gece karanlığında onların birbirlerine söyledikleri hüzünlü sözleri hiç kimse anlamazmış.

BELÇİKA

DANS EDEN ON İKİ PRENSES

Bir zamanlar büyük bir sarayda yaşayan çok güzel on iki Prenses varmış. Bu Prenseslerin babaları olan Kralın hiç oğlu yokmuş. Bu on iki genç ve güzel Prenses bütün diğer prensesler gibi yaşarlarmış; sabahları geç vakitlerde uyanıp yatakta kahvaltılarını eder, öğlene kadar da yataktan çıkmazlarmış. Ama bu Prenseslerin hayatında kimsenin çözemediği bir sır varmış. Her akşam yatma saati gelince sarayın en üst katında yatarlar, onlar yattıktan sonra da kapılar üç büyük demir sürgüyle sürgülenirmiş. Ama yine de her sabah Prenseslerin odalarına girenler, saten ayakkabılarını eskimiş ve delinmiş bulurlarmış.

Kral, kızları Prenseslere gece ne yaptıklarını sorar, ama Prenseslerin hepsi birden, «Gece ne yapılır, elbette uyuyoruz,» derlermiş. Gerçekten de gece odalarından hiç ses gelmez, çıt çıkmazmış. Fakat her sabah ayakkabılarının altları delinmiş olarak bulunurmuş. Sonunda çok meraklanan, kızlardan da bir şey öğrenemeyen Kral, kızların saten ayakkabılarını gece nasıl eskittiklerini anlayan kızlarından birine, ayrıca da büyük bir ödül vereceğini ilan etmiş.

Bunu duyan Prens şanslarını denemek için gelmiş. Her gelen sırayla bir gece Prenseslerin odasının arkasına saklanıp, Prenseslerin gece ne yaptıklarını anlamaya uğraşmış. Ama sabah olur olmaz, Prensler ortadan kaybolmuş. Kızların ayakkabıları da yine eskimiş olarak bulunmuş.

On bir Prens şansını deneyip ortadan yok olduktan sonra, artık bu sırrı öğrenmeyi hiçbir Prens istememiş. Kral da bu işten ümidini kesmiş.

Ama bir zaman sonra bu işe hevesli bir genç adam daha çıkmış. Michael adında bu delikanlı, bir bahçıvanın oğluymuş. Uzak bir dağın yamacında yaşar, beslediği koyunları doğduğu köye getirir, satarmış. Bir gece rüyasında gencin yanına bir Peri gelmiş. Bu Peri genç adama saraydaki Prensesleri göstermiş. Genç adam bu Prenseslerin güzelliğine hayran olmuş. O geceden sonra da köyündeki hayat onun için çekilmez olmuş. Köy kızlarına da, Prenseslerin güzelliğini gördükten sonra bir daha bakmamış. Daha fazla dayanamayan genç adam, bir gün şansını denemek için saraya doğru yola çıkmış. Zavallının ne annesi, ne de babası olduğu için, köyde yokluğunu hissedip arayan bile olmamış.

Sonunda saraya varıp orada bir işe girmeyi başarmış. Görevi her sabah on iki çiçek demeti yapıp, Prensesler odalarına çıkınca çiçekleri onlara vermekmiş. Bu iş genç adamın pek hoşuna gitmiş. Sabah olunca on iki demet çiçeği hazırlayıp, Prenseslerin kapısı önünde beklemeye başlamış.

Öğlene doğru Prensesler odalarından çıkıp çiçeklerini birer birer almışlar. Ama sadece bir çiçekçi olan bu gencin yüzüne bakmaya tenezzül etmemişler. Sıra en küçük Prenses olan Lina'ya gelmiş. Lina çiçek demetini alırken gence bir göz atınca, «Ah, yeni çiçekçimiz ne kadar yakışıklı bir genç!» deyip çiçeğini almış ve öbür kardeşlerinin arkasından gitmiş. Ama giderken Michael'in kalbini de beraber götürmüş. Delikanlı hemen ona âşık olmuş. Bundan sonra da bütün düşüncesi bu kızın kalbini kazanmak olmuş. Bunca Prensin uğraşıp başaramadığı bir şeyi bahçıvan nasıl yapabilir? Ama Periler Michael'i herhalde saraya boşuna yollamamışlar.

Prenses Lina'ya âşık olduktan birkaç gece sonra Michael'in karşısına yeni bir Peri çıkmış. Peri bu sefer altınlar içinde parıldayan güzel bir kız şeklindeymiş. Bir elinde iki ağaç fidanı tutuyormuş. Biri taflan, biri de gül ağacıymış. Öbür elinde de bir atlın çapa bir altın kova, bir de ipek havlu varmış.

Rüzgârın gece çiçeklere fısıldadığı kadar tatlı, hafif bir sesle, «Michael,» demiş. «Bu iki ağacı al ve dik. Diplerini bu altın çapayla çapala, köklerini bu altın kovayla sula, bu ipek havluyla da yapraklarını kurula. Zaman geçip bu küçük ağaçlar on beş yaşında güzel bir kız kadar büyüyünce, her birine şu sözlerimi söyle: Sevgili ağaçlar, sizi altın çapayla çapaladım, altın kovayla suladım, ipek havluyla kuruladım. Bunları söyledikten sonra da dileğini onlara bildir. Peri ağaçlar sana yardım edip dileğinin yerine gelmesini sağlar.»

Peri kız bunları söyledikten sonra gözden kaybolmuş.

Sabah olmuş, Michael erkenden kalkmış. Ağaçları alıp bahçeye dikmiş, altın çapayla çapalamış, altın kovayla köklerini sulamış, ipek havluyla da yapraklarını kurulamış. Bu işi birkaç gün yapınca, ağaçlar on beş yaşında bir kız gibi büyüyüp serpilmişler. Bunu gören Michael taflan ağacının önünde durup, «Sevgili taflan ağacı.» demiş. «Seni altın çapayla çapaladım, altın kovayla suladım, ipek havluyla kuruladım. Şimdi sen de bana nasıl göze görünmez olabileceğimi öğret!»

Michael'in bu sözleri üzerine taflan ağacında güzel beyaz bir çiçek açmış. Michael çiçeği alıp ceketinin iliğine takınca görünmez oluvermiş. Böylece görünmeden köşeye yerleşip, onları görmek için beklemeye başlamış.

Çok geçmeden Prensesler odaya gelmişler. Arkalarından da kapılar kapanıp sürgülenmiş. Sonra Prensesler yatacak yerde dolaplarını açmışlar, en süslü elbiselerini giymişler, en değerli mücevherleri takmışlar, sonra da saten ayakkabılarını giyip ellerine çiçek demetlerini almışlar.

En büyük Prenses, «Hazır mısınız?» demiş. Ötekiler de hepsi birden, «Evet hazırız,» deyip ablalarının arkasından sıraya dizilmişler.

Büyük Prenses ellerini üç kez çırpınca yerde gizli bir kapı açılmış. Kapının altında da gizli bir merdiven varmış. Prensesler birbiri arkasından sırayla bu merdivenlerden inmişler. Michael de onları kaybetmemek için telaşla arkalarından gitmiş. Ama kapı kapanmadan onlara yetişmek için koşarken, acelesinden Prenses Lina'nın eteğinin ucuna basmış.

Prenses, «Durun, biri bizi takip ediyor, Eteğimin ucuna bastı,» diye bağırınca en büyük Prenses, «Sersem kız, her zaman korkacak bir şey bulursun. Eteğin mutlaka bir çiviye takılmıştır,» diye küçük kardeşini azarlamış.

Böylece Prensesler yollarına devam edip merdivenlerden aşağı inmişler. Merdivenler bitince bir koridordan geçip bir kapının önüne varmışlar. Büyük Prenses kapıya dokunur dokunmaz kapı açılmış. Kapıdan çiğ tanelerinin ay ışığında pırıl pırıl parladığı bir ormana çıkmışlar. Yapraklarına sanki altın ve elmas serpilmiş gibi parlayan ağaçların arasından geçip bir göle gelmişler. Gölün kenarında on iki sandal, her sandalda da bir Prens küreklere oturmuş, hazır bekliyormuş.

Prensesler birer birer kayıklarına binip oturmuşlar. Prenses Lina sandala biner binmez, Michael de atlayıp Prensesin arkasına oturmuş. Böylece on iki Prenses kayıklara binince Prensler olanca güçleriyle küreklerine asılmışlar. Ama Prenses Lina'nın kayığı, arkada bir de Michael olduğu için öbürleri kadar hızlı gidemiyormuş. Bunu gören Prenses Lina, «Hiç bu kadar yavaş gitmezdik, bu gece neden böyle yavaş gidiyoruz?» diye sormuş. Prens de, «Buna ben de şaştım, çekebildiğim kadar hızlı çekiyorum,» demiş. Neyse, yavaş da olsa sonunda gölün öbür kıyısına varmışlar. Sahilde bir saray, sarayda da büyük bir balo varmış. Prensesler kayıklarından inip Prenslerle birlikte baloya girmişler. Baloda onların güzelliği yanında her şey sönük kalmış. Michael bir köşeye oturup onları seyretmeye başlamış. Prenses Lina oradaki her kızdan, hatta ablalarından bile daha güzel görünüyormuş gözüne.

Şafak vaktine doğru horozlar üç kere ötünce müzik durmuş, Prensesler yemeğe oturmuşlar. Ayakkabıları dans etmekten delik deşikmiş. Derken yemekleri gelmiş; aman ne yemekler, sanki hepsi peri yemekleri, şekerli limon çiçekleri, gül şekerlemeleri, şekerli menekşeler, Prenseslerin sevdiği daha birçok nefis yemek ve tatlı. Yemek bitince Prensesler kalkıp tekrar gölü geçmişler. Pırıl pırıl çiçeklerle parlayan ormana gelmişler. Michael de arkalarındaymış. Bu güzel ormandan geçerken Michael bir ağacın önünde durup bir dal gümüş çiçek koparmış. «Neydi o ses, duydunuz mu?» diye soran Lina'ya en büyük kardeşi, «Ne olacak canım, sarayın kulesinde yuva yapan bir baykuşun sesiydi!» demiş. Böylece ormanı da geçip gizli merdivene geldikleri zaman, Michael koşup en öne geçmiş. Hepsinden önce yatak odalarına varmış, pencereyi açıp sarmaşıklara tutunarak aşağıya, sarayın bahçesine inmiş. Bahçeye inince de tekrar görünür olmuş. Zaten iş zamanı da artık geldiği için Prenseslerin çiçek demetlerini hazırlamaya başlamış. Prenses Lina'nın demetinin içine sihirli bahçeden kopardığı gümüş çiçeği de koymuş. Lina çiçek demetini alır almaz öbür çiçeklerin arasındaki gümüş çiçeği görmüş. Çok şaşırmış, ama kardeşlerine bir şey belli etmemiş. O gün öğleden sonra Lina bahçede dolaşırken bakmış, Michael de orada. Lina, Michael'i görünce önce onunla konuşacak gibi durmuş, ama sonra fikrini değiştirip uzaklaşmış.

Gece olunca Prensesler yine hazırlanıp yola çıkmışlar. Görünmeyen Michael de yine arkalarından gitmiş.

Kayıkla karşıya geçerlerken Prens, kayığın çok ağır olduğunu söylemiş. Prenses Lina da, «Herhalde sıcaktandır. Bende de bir ağırlık var,» demiş.

Balo salonuna gelince Prenses bir tarafta bahçıvanı aramış, ama hiçbir yerde onu görememiş. Balo bitip sabaha karşı saraya dönüşte ormandan geçerlerken, Michael bu sefer üstünde altın çiçekler olan bir dal koparmış. En büyük Prenses telaşla, «Neydi o patırdı?» diye sorunca Lina, «Bir şey değil canım. Sarayın kulesinde yuva yapan baykuşun sesi,» demiş.

Ertesi sabah Lina çiçek demetini alınca bakmış, öbür çiçeklerin arasında altın çiçek duruyor. Hemen bahçeye koşup Michael'i bulmuş. «Bu çiçeği nereden buldun?» diye sormuş. Bahçıvan da ona, «Prenses hazretleri o çiçeği bulduğu yeri çok iyi bilirler,» demiş.

«Öyleyse sen bizi takip ettin.»

«Evet, Prensesim.»

«Peki, ama bunu nasıl yaptın? Hiçbirimiz seni görmedik?»

Delikanlı sadece, «Saklandım, Prensesim,» diye cevap vermiş.

Prenses biraz düşündükten sonra, «Sen şimdi bizim sırrımızı biliyorsun. Bu sırrı saklayıp hiç kimseye bir şey söylemezsen, şu bir kese altını sana veririm,» demiş.

«Her şey satın alınmaz, Prensesim,» diyen Michael dönüp işine devam etmiş.

Aradan üç ay geçmiş. Prensesler yine her gece saraya gitmişler. Yine ayakkabılarını eskitmişler. Lina her gece etrafı dinlemiş, ama kuşkulu bir ses duymamış.

Dördüncü gece sabaha karşı saraya dönerlerken, çalılıkların arasından bir hışırtı işitmiş Lina. Ertesi sabah da çiçek demetinin içinde elmas çiçeği bulmuş.

Hemen bahçeye koşup bahçıvanı bulmuş. «Bizim sırrımızı çözene babamın ne vereceğini biliyor musun?» demiş.

Bahçıvan, «Evet, biliyorum, Prenses hazretleri,» diye cevap vermiş.

«Madem biliyorsun, bu sırrı ona söyleyecek misin?»

«Hayır, Prensesim, söylemeyeceğim.»

«Peki, ama neden? Yoksa korkuyor musun?»

Michael, Prensesin bu sorusuna yanıt vermemiş, başını önüne eğip yanından ayrılmış.

Bu arada Lina'nın sık sık bahçeye gidip bahçıvanla konuştuğunu gören öbür Prensesler, onunla alay etmeye başlamışlar. En büyük Prenses, «Kuzum, neden onunla evlenmiyorsun? » diye takılmış. «Sen de bahçıvan olur, her gün bahçede çalışırsın. Güzel bir kulübede oturursun. Hem çok iyi olur, sabahları bize çiçek demetlerimizi sen getirirsin.»

Kardeşlerinin bu alaylarına Lina çok üzülmüş ve sonunda onlara Michael'in sırlarını öğrendiğini söylemiş. Bunun üzerine en büyük kardeş, «Öyleyse hemen onu yok etmeliyiz!» demiş. «Onu zindana kapatalım, o zindanda çürürken biz yine eğlencemize devam ederiz.»

Bunun üzerine Lina atılmış. «O bizim sırrımızı kaç gündür biliyordu, ama kimseye söylemedi. Eğer siz onu zindana attırırsanız, ben de gider bütün sırrımızı Krala açıklarım. Hayır, böyle şey olmaz. En iyisi onu da bütün Prensesler gibi Peri Sarayına götürüp bir deneyelim. Onu baloya davet edelim, sonra da insana her şeyi unutturan o sihirli bardakla şarap verelim!..»

Ne yapacaklarını kararlaştırdıktan sonra, en büyük Prenses gidip Michael'i o akşamki baloya davet etmiş. Michael de Prensesin karşısında eğilip, «Prenses hazretlerinin emirlerini yerine getireceğim,» demiş. Sonra da sihirli ağaçlara gitmiş. «Benim sevglii gül ağacım. Toprağını altın çapayla çapaladım, kökünü altın kovayla suladım, yapraklarını ipek havluyla sildim. Şimdi senden dilerim, beni bir Prens gibi giydir.»

Michael bu sözleri söyler söylemez, gül ağacında güzel pembe bir gül açmış. Gülü koparıp eline alınca, üzerinde en güzel kadifeden, sevdiği Prensesin gözleri kadar siyah bir giysi, yakasında da bir elmas iğneyle pembe gülü bulmuş.

Yeni giysileriyle Kralın karşısına gidip, ayakkabılarının sırrını çözmek için izin istemiş. Bu giysilerle o kadar yakışıklı, o kadar kibar olmuş ki, kimse onu tanıyamamış.

On iki Prenses odalarına yatmak için gelip kapıları kitlenince, Michael'in odada onları beklediğini görmüşler. Böylece Michael, Prenseslerle birlikte Peri Sarayına gitmiş. Baloda sırayla kızlarla dans etmiş. Hepsi de onu çok yakışıklı, çok kibar, çok ilginç bulmuşlar.

En sonunda dans sırası Prenses Lina'ya gelmiş. Ama Michael sıkılganlığından ona bir kelime bile söyleyememiş. «Bahçıvanlıktan çıkıp bir Prense benzediğin için benimle konuşmaya tenezzül etmiyorsun galiba,» demiş Prenses.

Michael de, «Korkma, sen hiçbir zaman bir bahçıvanla evlenmeyeceksin!» demiş.

Bunun üzerine küçük Prenses korkuyla gözlerini açmış, bir şey söylemeden Michael'e bakakalmış. Aradan saatler geçmiş, Prenseslerin saten ayakkabılarında delikler açılmış, horozlar ötmüş. Hep birlikte yemeğe oturmuşlar. Sofra pek zenginmiş. Her cins şarap varmış sofrada. Prensesler Michael'i içirip sarhoş etmeye çalışmışlar. Ama Michael çok dikkatli davrandığı için bunu başaramamışlar.

En sonunda Michael'in önüne altın bir kadeh gelmiş, en büyük Prenses de şunları söylemiş: «Artık Peri Sarayının senin bilmediğin hiçbir sırrı yok. Bu başarının şerefine altın kadehdeki şu şarabı iç, içersen buraya ne zaman istersen gelebilirsin.»

Michael altın kadehi eline alıp konuşmaya başlamış. «Siz beni yok etmek için bir plan hazırlarken, ben görünmeden sizi dinliyordum. Bu altın kadehin içindeki şarabın insana ne yapacağını biliyorum. Ama bu dünyada en çok sevdiğim kişi bu şarabı içmemi istedikten sonra ben de içerim,» deyip kadehini kaldırmış ve, «Prenses Lina, senin şerefine içiyorum,» demiş. Tam kadehi ağzına götürürken Prenses Lina, «Sakın o şarabı içme, ben bir bahçıvan karısı olmaya razıyım!» diyerek ağlamaya başlamış. Michael de Prensesin bu sözleri üzerine altın kadehi fırlatıp atmış. Prenses Lina'nın önünde diz çökmüş. Altın kadehteki şarap dökülünce Prenseslerin büyüleri bozulmuş. Hepsi gelip Prenses Lina'nın ve eş olarak seçtiği adamın önünde eğilmişler.

Böylece birlikte saraya dönmek üzere yola çıkmışlar. Gölden, ormandan, gizli merdivenden geçmişler. Onlar geçtikten sonra da sihirli saray, orman ve gizli merdiven ortadan yok olmuş.

Ancak gün ağarıp sabah olunca odalarına dönmüşler. Çok geçmeden Prenseslerin kapılarının kilidi açılmış. On iki Prenses, Michael'le birlikte doğruca Krala gitmişler. Michael, Krala altın kadehi verip, Prenseslerinin ayakkabılarının her akşam nasıl eskidiğini anlatmış.

Her şeyi dinledikten sonra Kral, «Kazandın,» demiş. «Şimdi Prenseslerin içinde beğendiğini seç.»

Michael, «Ben çoktan kararımı verdim,» deyince Prenses Lina hemen Michael'in elini tutmuş.

Böylece kısa bir süre sonra Prenses Lina'yla Michael evlenmişler. Michael artık bir bahçıvan değilmiş. Çünkü Kral onu kızıyla evlendirmeden önce Prenses yapmış.

Şimdi bu ağaçlar kül olduğu için Belçikalı genç kızlar ay ışığında gezerken şu şarkıyı söylerler:

Kül oldu taflan ağaçları,
Sevgililerimiz hep kaçtı.
Artık ormanlarda dolaşmayız,
Buralarda yalnız gezeriz.

BELÇİKA

CEVİZ JOHNNY'YLE ALTIN KAZ

Küçük Johnny'yi günün birinde ceviz ağacının altında bulmuşlar. O günden sonra da ona Ceviz Johnny demeye başlamışlar.

Johnny hiç akıllı değilmiş, ama çok iyi kalpli ve çalışkanmış. Hayatta en çok istediği şey de fırında altın gibi kızarmış bir kaz yemekmiş.

Johnny bir gün ceviz ağacının bulunduğu köyden ayrılıp tahilini aramak üzere yola çıkmış. Biraz gittikten sonra bir çiftliğe yaklaşmış. Bu çiftlikte pek çok kaz varmış. Kazlar Johnny'i görünce tıslayarak ona doğru gelmeye başlamışlar.

Johnny, «İşte tam aradığım yer,» deyip evin kapısını vurmuş. Kapıyı çiftçinin karısı açmış. Johnny ona, «Şu güzel kazlardan bana bir kaz kızartması yap da yiyeyim, çok canım istiyor...» demiş. Kadın, «Eğer bir hafta iyi çalışırsan, pazar günü kaz kızartması yersin. Şimdi sana ilk iş, kentteki değirmene git, oradan bana yedi kilo unla bir teneke buğday tohumu getir,» demiş.

Hafta sonu yiyeceği kaz kızartmasını düşünen Johnny, sevinçle yola çıkmış. Ama zavallı çocuk çok aptal olduğu için, unutmayayım diye kendi kendine, «Yedi kilo ve bir teneke,» diye yüksek sesle yineler dururmuş. Böyle mırıldana mırıldana giderken bir çiftçiye rastlamış. Çiftçi tarlasına bakarak, ne kadar ekin alacağını hesaplamaya çalışıyormuş. Johnny yanından geçerken, «Yedi kilo,» deyince çiftçi çok kızıp bağırmış. «Yedi kilo olur mu? Allah yüz kilo versin.»

Johnny yoluna devam etmiş. Ama başlamış, «Allah yüz tane versin,» demeye. Çok geçmeden bir çobana rastlamış. Çoban çok mutluymuş, çünkü koyunlarını yiyen bir kurdu görmüş. Johnny, «Allah yüz tane versin!» deyip çobanın yanından geçince çoban, «Yüz tane mi? Sen aklını kaçırmışsın...» demiş. «Ben bu bir taneyi öldürdüğüm için seviniyorum. Allah yakalananın canını alsın.»

Bizim zavallı Johnny bu sefer de çobanın sözlerini tekrarlamaya başlamış. «Allah yakalananın canını alsın!» diye söylene söylene gidedursun, kiliseden çıkan bir gelinle güvey Johnny'nin yanından geçmiş. Johnny'nin söylediklerini duyan örnek alsın, onun gibi yapsın demen gerekir, aptal adam!» demiş.

Johnny başlamış bu sefer de güveyin söylediklerini tekrarlamaya. «Herkes örnek alsın, onun gibi yapsın!» Böylece ilerlerken bir çiftçiyle karşılaşmış. Çiftçi evini yakan bir serseriyi yakalamış, hapse götürüyormuş. «Herkes onu örnek alsın, onun gibi yapsın!..» diye söylenerek geçen Johnny'nin sözlerini duyunca, «Böyle söylemeye utanmıyor musun? Seni de hapse tıkmalı. Ama hadi, aklını başına topla, Allah bu ateşi çabuk söndürsün,» diye söylenerek yoluna devam etmiş.

Yol da bir demircinin önünden geçiyormuş. Zavallı demirci bütün sabah kan ter içinde uğraşmış, ateşini yeni yakabilmiş. Aptal Johnny her şeyden habersiz demircinin önünden geçerken, «Allah bu ateşi çabuk söndürsün,» diye yineliyormuş. Bu sözleri duyan demirci öyle kızmış ki, elindeki çekici Johnny'nin kafasına indirip onu yere sermiş.

O sırada oradan geçen iyi kalpli köylü Johnny'yi görmüş. Onu yerden kaldırmış, eline de yolda işine yarar diye bir demet buğday vermiş. Johnny aklında kızarmış kaz, yine yola koyulmuş. Ama çok yorulduğu için az sonra yol kenarında uyuyakalmış. O uyurken bir tavuk gelip buğdaylarının hepsini yemiş.

Johnny uyanıp olanları görünce başlamış ağlamaya. Ama tavuğun sahibi olan kadın çok iyi kalpliymiş. Johnny'ye acımış, buğdayların yerine ona bir tavuk vermiş. Johnny tavuğu almış. Tavuk önde, Johnny arkada yola koyulmuşlar. Ama o sırada bir inek tavuğun üstüne basıp ezmiş. Çok üzülen Johnny başlamış dövünmeye. «Ben çok talihsiz bir insanım. Bir demet buğday verdiler, tavuk gelip onu yedi. Bir tavuk verdiler, inek gelip onu ezdi,» demiş.

Johnny'nin haline acıyan ineğin sahibi, «Bir tavuk için bu kadar patırtı yapmanın ne gereği var, canım. İneğimin tavuğunu ezdiğine ben de üzüldüm. Şu ineği al da artık sus, buralarda patırdı etme,» demiş.

Johnny neşe içinde yoluna devam etmiş. Gece olunca bir çiftlik evinin kapısını vurmuş, çiftçiden geceyi geçirmek için bir yer vermesini rica etmiş. Çiftçi iyi adammış. Johnny'yi içeri almış, ineği de ağıla yollamış. Hizmetçisine de ineği sağıp sütünü getirmesini söylemiş. Kız ahıra gitmiş, ineği sağmaya başlamış, ama ipek kuyruğunu bir sallayınca kuyruk kızın gözüne gelip gözünü şişirmiş. Kız öyle kızmış ki, orada duran tırmığı kaptığı gibi bütün kuvvetiyle ineğin kafasına indirmiş. İnek hemen orada ölmüş.

Johnny yine başlamış ağlayıp bağırmaya. «Hiç talihim yok. Buğday verdiler, tavuk onu yedi bitirdi. Tavuk verdiler, inek gelip onu ezdi. İnek verdiler kız onu öldürdü.»

Çiftlik sahibi, «Artık bu patırdıyı kes bakalım. Bu kızı al, onunla birlikte buradan uzaklaş. İneğin başına tırmık atıp öldüren kız benim işime yaramaz zaten...» demiş.

Böylece Johnny kızı bir çuvala koymuş, çuvalı da omzuna alıp yola koyulmuş. Ama kız çok ağırmış. Johnny çok geçmeden yorulmuş, susamış. Önüne ilk çıkan hana girmiş, çuvalını da dışarıda bırakmış.

Johnny içeride içkisini içedursun, yoldan geçen sarhoş bir terzi çuvalı görmüş. İçinde ne var diye merak edip çuvalın ağzını açmış. Bir de ne görsün, elleri bağlı bir kız. Sarhoş terzi kıza acıyıp ellerini çözmüş. Ama kız elleri çözülür çözülmez olanca hızıyla koşmaya başlamış. Evine varıncaya kadar da durmadan koşmuş.

Çuval boş kalınca terzi korkmuş, ne yapacağını şaşırmış. Bakmış orada han sahibinin kocaman köpeği duruyor. Sarhoş terzi, köpeği yakaladığı gibi çuvalın içine tıkmış, ağzını da sıkıca bağlamış.

Terzi tam bu işi bitirdiği zaman Ceviz Johnny de içkisini bitirip dışarı çıkmış. Çuvalını omuzlayıp yine yola koyulmuş. Yürümüş, yürümüş, sonunda kente varmış. Bir papaza gideyim de beni bu kızla evlendirsin, diye düşünmüş. Ama papaza gitmeden bir de kıza sorayım, bakalım benimle evlenmeye razı mı?

Ceviz Johnny çuvalı yere koyup iplerini gevşetmiş. «Söyle bakalım kız, seninle evlenelim mi?» İçeriden bir ses yükselmiş. «Gır gır... Hav hav hav...»

Şaşıran Johnny korku içinde kaçınca, çuvaldan kocaman sarı bir köpek fırlayıp Johnny'nin üstüne saldırmış. Johnny kendini yanındaki ağacın tepesine zor atmış. Ama ağaç o kadar çürümüş ki, Johnny üstüne çıkınca çatır çatır ortadan ayrılmış. Neyse köpek arkasını dönüp gitmiş.

Johnny kendini toparlayıp kalkınca bakmış, ağacın içinde bir altın kaz. Çok sevinmiş. «Eh artık talih bana güldü,» demiş. «Kızı kaybettim, ama onun yerine bir altın kaz buldum. Kaz kızdan çok daha işime yarar. Bu akşam onu kızartırım, keyifle yerim.» Böylece Johnny kentteki en iyi hana gitmiş. Kapısını vurmuş. Han sahibi kapıyı açınca, «Bu kazı bana pişiriver!» demiş.

Han sahibi bakmış. «Biz altın kaz pişirmeyiz. Sen istersen şimdi ahıra git. Geceyi orda geçir, sana biraz yiyecek gönderirim. Yarın azizler bayramıdır. Buraya birçok zengin gelir. Belki onlar altın kazı alırlar,» demiş.

Ceviz Johnny ahıra gitmiş, pırıl pırıl parlayan altın kazı boş bir fıçının üstüne koymuş. Kendi de sıcak samanların üzerinde güzel bir uykuya dalmış.

Bu han sahibinin üç kızı varmış. Üçü de çok meraklıymış. Altın kaz acaba nasıl bir şey diye çok merak etmişler. Meraklarından bütün gece uyuyamamışlar. Gün ağarmaya başlayıp ilk horoz ötünce en büyük kız artık dayanamamış. «Burası çok sıcak, uyuyamıyorum,» demiş. kardeşlerine ve bir kedi gibi sessizce dışarı çıkmış, doğru ağıra gitmiş.

Bakmış, kaz fıçının üzerinde, altın tüyleri pırıl pırıl parlıyor. «Şunun tüyünden bir tane koparayım,» demiş. Kazın bir tüyünü tutup çekmiş, ama tüy bir türlü kopmamış. Kızın eli de tüye yapışıp kalmış. Ne kadar uğraştıysa da elini kurtaramamış.

Az sonra ikinci horoz ötünce ikinci kız kalkmış. «Öf, burası çok sıcak, uyuyamıyorum,» deyip usulca dışarı çıkmış, ahıra gitmiş. Bakmış, kardeşi orada, kazın tüyüne yapışmış. Kurtarmak için kardeşine dokunur dokunmaz, o da yapışmış. Yerinden kıpırdayamaz olmuş.

Aradan kısa bir süre geçmiş. Üçüncü horoz ötmüş. Bu sefer en küçük kardeşleri kalkmış, o da doğru ahıra gelmiş. İki kardeş onu görünce bağırmışlar. «Dikkat et, sakın yanımıza gelme!» Ama kız onların sözlerine aldırış etmemiş. Bütün altın tüyleri kendileri almak istiyorlar sanmış. Elini uzatıp bir tüyü tutunca o da yapışıp kalmış. Biraz sonra Ceviz Johnny uyanmış. Kızları hiç farketmemiş. Altın kazını alıp ahırdan çıkmış, kızları da arkasında sürüklemiş. Kızlar başlamışlar bağırmaya, Kazını çalacaklarını sanan Ceviz Johnny koşmuş da koşmuş. Kızlarda bağırdıkça o daha da hızlanmış.

Böylece bir sokaktan geçerken başpapaza rastlamış. Başpapaz, iki yardımcısı, kilisenin çalgıcısı, koridordaki çocuklar, hepsi birlikte azizler bayramını kutlamak için kiliseye gidiyorlarmış.

Başpapaz Ceviz Johnny'yle arkasından koşan üç kızı görünce çok şaşırmış. «Sizin gibi koca kızlar genç bir adamın arkasından koşmaya hiç utanmıyor mu?» demiş ve onları durdurmak için en arkadaki kızı kolundan yakalamış. Yakalar yakalamaz da kıza yapışmış, başlamış koşmaya.

Bunu gören genç papazlar seslenmişler. «Aman papaz efendi, durun koşmayın.» Ama boşuna, başpapaz durmadan koşuyormuş. Onu durdurmaya çalışmışlar. Ama papaza dokununca onlar da yapışıp koşmaya başlamışlar. Böylece kilise çalgıcısı, korodaki küçük çocuklar, kim varsa hepsi yapışmış. Ceviz Johnny önde, öbürleri arkasına yapışmış, Johnny nereye çekerse oraya doğru koşuyormuş. O kadar gülünç bir görüşleri varmış ki, onları her gören gülmekten katılıyormuş.

Bu ülkenin bir Kralı varmış. Kral çok neşeli, gülmeyi çok seven biriymiş. Ama Kralın hiç gülmeyen bir kızı varmış. Bu kız hiç gülmezmiş. Babası, Prensesler, hizmetçiler, uşaklar ne kadar uğraşırlarsa uğraşsınlar, kızı bir türlü güldüremezmiş.

Kral artık kızının bu somurtkanlığından o kadar bıkmış ki, onu güldürene kızını vereceğini vaat etmiş. O sabah da Kral kızıyla birlikte azizler bayramı için kiliseye gelmiş. Kilisede otururlarken, birdenbire Ceviz Johnny koşarak altın kazıyla içeri girmiş. Han sahibinin üç kızı, kilisenin başpapazı, öbür papazlar, çalgıcılar, korodaki çocuklar da arkasına yapışık, nefes nefese koşuyorlarmış. Kralın kızı bunu görünce kahkahalarla gülmeye başlamış. Gülmüş, gülmüş, gözlerinden yaşlar gelinceye kadar gülmüş.

Ceviz Johnny kilisede dua yerinin merdivenlerine altın kazını bırakmış. Hemen o anda tılsım bozulmuş, kaza yapışanlar kurtulmuş.

Çok sevinen Kral ayağa kalkmış, «Genç adam,» demiş Ceviz Johnny'ye. «Sen benim kızımı güldürdün. Şimdi o senindir. Onunla evlenir misin?»

«Evlenirim ama bir şartım var...» demiş Ceviz Johnny. «Düğünümüzde kaz kızartması yapılacak.»

Böylece Ceviz Johnny'yle gülmeyen Prenses hemen oracıkta evlenmişler. Yıllar geçip de Kral ölünce o ülkenin Kral ve Kraliçesi olmuşlar, bütün Krallar gibi ülkelerini çok iyi yönetmişler ve mutlu bir hayat sürdürmüşler.

ÇEK

UZUN, ŞİŞKO VE KESKİN GÖZ

Bir zamanlar uzak bir ülkede, bir tek oğlu olan yaşlı bir Kral varmış. Kral bu Prensi dünyada her şeyden çok severmiş. Bir gün artık oğlunun geleceğini düşünme zamanının geldiğini anlamış ve onu yanına çağırtmış.

«Sevgili oğlum, artık iyice yaşlandım; çok geçmeden yeşil ağaçları, güzel çiçekleri göremeyeceğim, güneşin tatlı sıcaklığını duyamayacağım. Ölmeden önce en büyük isteğim seni sevdiğin, iyi bir kızla evlendirmek, Böylece ben gittikten sonra ülkemizin Kral ve Kraliçesiz kalmayacağından emin olmaktır.»

«Ah, sevgili babacığım, bana ölümünüzden söz etmeyin. Evlenmeme gelince, ben de evlenmek istiyorum, ama henüz sevebileceğim bir Prensesle karşılaşmadım.»

Bunun üzerine Kral, «Bu altın anahtarı al, sarayın en yüksek kulesinin tepesine çık. Bu kapalı odada gördüklerinin hepsine iyice bak. Sonra da bana gel, odada gördüklerinden hangisini en çok beğendiğini söyle,» demiş.

Altın anahtarı alan Prens döne döne çıkan merdivenleri tırmanıp, hiçbir zaman çıkmadığı kadar yükseğe çıkmış. Merdivenin en tepesinde kilitli bir kapı varmış. Prenses bu kapıyı açıp içeri girince, kendini tavanı mavi üstüne altın yıldızlar serilmiş, yeri de çimen gibi yeşil ve yumuşak bir halıyla kaplı büyük bir odada bulmuş. Güneş ışığı altın çerçeveli on iki pencerenin renkli camlarından süzülüp içeri giriyormuş... Bu renkli camlar birbirlerinden güzel birer kız resmiymiş. Resimlerin önünde durup baktıkça, sanki kızlar ona bakıp gülümsüyorlar gibi gelmiş Prense. Hani neredeyse konuşacaklarmış. Böylece her birine ayrı ayrı bakarak on ikinci cama gelmiş. Bu camın perdesi kapalıymış. İpek beyaz perdeyi kenara çekince, karşısında beyaz elbise giymiş, belinde gümüş bir kuşak, başında da incilerden bir taç olan, hayat kadar güzel, ölüm kadar kederli bir kızla karşılaşmış.

Prens sanki taş kesilmiş gibi yerinde dururken, kızın kederli bakışlarının içinde uyandırdığı acıma duygusu birdenbire büyük bir aşka dönüşmüş.

«Eğer bu kız dünyada bir yerde yaşıyorsa, benim karım olacak, ondan başkasını sevemem!» diye bağırmış Prens.

Prens bu sözleri söyleyince camdaki Prenses kızararak Prense gülümsemiş. O sırada öbür camlardaki resimler kaybolmuş, pencerelerde renkli camlar kalmış.

Prens döner merdivenleri koşa koşa inip babasına gelmiş. Gördüklerini anlattıktan sonra, hangisini seçtiğini söylemiş.

«Çok yazık,» demiş Kral. «Kapalı olana hiç bakmamalıydın, çünkü şimdi büyük bir tehlikeye atılacaksın. Bu Prenses Demir Sarayda oturan çok kötü bir büyücünün yanında esirdir. Birçok Prens onu kurtarmaya gitti, ama biri bile geri dönmedi. Ama artık söz verdiğine göre dönemezsin. Şimdi onu bulmaya git, ama sevgili oğlum, sağ salim bana dön.»

Böylece Prens babasını öpüp veda ettikten sonra atına binip, evleneceği Prensesi aramaya gitmiş. Gitmiş, gitmiş, gitmiş, sonunda şimdiye kadar hiç görmediği karanlık bir ormana gelmiş. Gitgide ormanın kuytularına doğru ilerlemiş ve sonunda Prense sanki bir yuvarlağın içinde durmadan dönüyormuş gibi gelmiş.

Bu sırada birdenbire bir ses duymuş.

«Hey oradaki, bir dakika dur!»

Prens arkasına dönünce, hayatında gördüğü en uzun boylu adamın kendisine doğru koştuğunu görmüş.

«Beni hizmetine al!» demiş yabancı adam. «Hiçbir zaman pişman olmazsın.»

Prens, «Sen kimsin, daha da önemlisi ne yapabilirsin?» diye sormuş.

«Benim ismim Uzun,» demiş yabancı. «İsmime uygun olan işleri yaparım. Şu çam ağacının tepesindeki kuş yuvasını mı istiyorsun? Kolay.»

Konuşurken daha da uzamaya başlayan adam, ağaç kadar uzayıp kuş yuvasını aldıktan sonra eski haline dönünce kuş yuvasını Prense uzatmış.

«Sen gerçekten görülmemiş bir insansın. Ama kuş yuvası benim işime yaramaz. Beni bu ormandan çıkarabilirsen, işte o zaman işime yaramış olursun. Ben de seni yanıma alırım. Ne dersin?»

«Kolay,» demiş Uzun ve boynunu öyle uzatmış ki, en yüksek ağaçtan üç kat daha yüksek olmuş. Sonra, «Yolu iyice gördüm, gel gidelim,» demiş.

Böylece Prense yol göstermiş. Çok geçmeden Prens kendini ormanın sonunda bir düzlükte bulmuş. Düzlüğün karşı tarafında bir sarayın duvarlarına benzeyen yüksek dik yamaçlarla alçak tepeler varmış.

Düzlüğe çıktıkları zaman, Uzun Prense dönüp, «Arkadaşım Şişko geliyor, efendim,» demiş. «Eğer beni dinlerseniz onu da hizmetinize alın. Size çok yardımı olur.»

«Çağır bakalım,» demiş Prens. «İşime yarayacak gibiyse alırım.»

«Bağırsam duyamayacak kadar uzakta. Bize yetişmesi birkaç gün sürer. En iyisi ben gidip onu getireyim.»

Bu sefer Uzun kendini öyle uzatmış ki, başı bulutların arasına girmiş. Sonra bir adımda ormanın tâ uzaklarına gitmiş, birkaç dakika sonra da arkadaşı Şişko sırtında, geri dönmüş. Şişkoyu Prensin yanına bırakmış, sonra da eski haline gelip, «İzin verirseniz arkadaşım Şişkoyu sizinle tanıştırayım,» demiş. Prensin karşısında çok şişman, kısa boylu, fıçı gibi yuvarlak bir adam görmüş.

«İyi günler, efendimiz,» demiş Şişko. Eğilemediği için yalnız şapkasını çıkarmış. «Sizin hizmetinize girersem çok memnun olacağım. Ben istediğiniz kadar genişlerim.»

«Bunu nasıl yapıyorsun, göster bakalım,» demiş Prens.

«Öyleyse koşup uzaklaşın, yoksa ezilirsiniz,» demiş Şişko. Uzun hemen uzaklaşmaya başlamış. Prens de onun arkasından gitmiş. Bu sırada Şişko soluğunu içeri çekerek öyle çabuk şişiyormuş ki, Prens kaçmasa yere düşüp ezilecekmiş. Çok geçmeden bütün düzlüğü kaplayıp bir dağ gibi olmuş.

Sonra da nefesini öyle bir bırakmış ki, bir fırtına gibi ağaçları devirerek eski haline dönmüş.

«Seni hizmetime alıyorum,» demiş Prens. «Her ne kadar beni koşturdunsa da, çok yetenekli bir arkadaşsın.»

Böylece üç arkadaş düzlüğü geçmeye koyulmuşlar, ama karşıya yaklaştıkça Prens sağa sola düşünceli düşünceli bakmaya başlamış. Çünkü önlerindeki kayalar bir insanın çıkamayacağı kadar dik ve keskinmiş.

Kayalara gelince orada gözleri bağlı bir adam görmüşler.

«Efendimiz, bu da bizim üçüncü arkadaşımız Keskin Göz. Onu alırsanız iyi edersiniz, çünkü o olmadan yolumuzu bulamayız.» demiş Uzun.

«Ama gözleri kapalı olan bir adam kendi yolunu bile bulamaz.»

«Öyle değil, soylu efendim,» demiş Keskin Göz. «Çok fazla gördüğüm için gözlerim kapalıdır. Bu dağların arkasında bile, birçok kişinin gözleri açıkken gördüğünden çok daha iyi görürüm ve baktığım her şey ya ateş olur yanar ya da paramparça olur. İşte bakın.» Keskin Göz gözlerindeki güneşlikleri çıkarıp, ileride yükselen kayalara bakınca birden gökgürültüsü gibi bir patırtı olup kocaman kayalar çatlamaya başlamış. Çok geçmeden de önlerinde yığınlarından başka bir şey kalmamış.

«Çok güzel,» demiş Prens. «Seni hemen tuttum. Şimdi göz bağlarını takmadan önce Demir Sarayın nerede olduğunu ve oraya ne kadar zamanda gidileceğini söyle.»

«Demir Sarayı iyice görüyorum,» demiş Keskin Göz. «Hem büyücünün sarayında demir parmaklıkların arkasındaki Prensesi de görüyorum. Ben olmasam oraya gitmeniz bir yıldan fazla sürerdi. Ama şimdi gece olmadan oraya varırız. Hadi gelin gidelim, çünkü sofrayı hazırlıyorlar.»

Böylece Prensle üç arkadaşı Uzun, Şişko ve Keskin Göz yola çıkmışlar. Onların yardımıyla Prens bu uzak yere birkaç saatte varmış. Güneş batarken de Demir Saraya giden demir köprüyü geçmişler.

İçeri girdikleri zaman asma köprü kendi kendine kalkıp demir kapılar kapanmış.

Ortalıkta kimseler yokmuş. Prens atını bağlayıp, pırıl pırıl aydınlatılmış olan odalardan geçmiş, ama hiç kimseyle karşılaşmamış. Sanki burada oturanlar, etrafta gördüğü süslü giysili, taş olmuş gençlermiş, sadece.

Sonunda Prensle üç arkadaşı dört kişilik bir sofra kurulmuş olan bir odaya gelmişler. Etrafta kimseyi görmeyen dört arkadaş, karınları da zaten çok acıktığı için sofraya oturup yiyip içmeye başlamışlar.

Tam yemeği bitirdikleri sırada kapı açılıp içeri büyücü girmiş. Arkası kambur, kafası dazlak, pis gri sakallı, belinde kuşak yerine üç demir kemer olan yaşlı ve korkunç büyücüymüş bu gelen. Prensin kulede gördüğü Prensesi de elinden tutuyormuş.

Beyaz elbiseler giymiş, gümüş kuşak takmış, başında inci tacı olan Prenses çok güzelmiş. Ama ölüm kadar sessiz ve renksizmiş. Sanki uykudaymış gibi yavaş yürüyormuş.

«Neden geldiğinizi bilmiyorum,» demiş büyücü. «İyi güzel, o sizindir, ama bir şartla. Üç gece onu bu odada koruyacaksınız. Ben de onu sizden çalmaya uğraşacağım. Eğer ben bunu başarırsam ve güneş batarken prenses burada olmazsa, siz de daha önce onu aramaya gelenler gibi taş olacaksınız.»

Prensesi bir iskemleye oturtan büyücü odadan çıkıp gitmiş. Kapı kapanınca Prens gelip Prensesin yanına oturmuş ve onunla konuşmak istemiş. Ama Prenses sanki mermerden yapılmış gibi ne kımıldamış, ne de konuşmuş.

Böylece başlamışlar Prensesi beklemeye. Prens, Prensesin elini tutmuş. Şişko her yeri kaplayacak kadar şişmiş. Uzun uzamış, yere yatıp odanın dört yanına dolanmış. Keskin Göz ortadaki direğe dayanmış, göz bağını takıp gözlerini Prensese dikmiş.

Ama burada öyle bir sihir varmış ki, bir yarım dakika kadar hepsi uyurmuş. Prens gözlerini açtığında Prenses yerinde yokmuş.

«Çabuk olun. Büyücü neredeyse gelir, bahsi kaybettik!» diye bağırmış Prens.

«Yavaş ol, heyecanlanma,» demiş Keskin Göz. Göz bağlarını çıkarıp etrafına bakmış. «Evet, evet, gördüm. Buradan yüz mil uzakta bir orman var. Bu ormanın ortasında bir meşe ağacı, meşe ağacının tepesinde de bir palamut var. İşte bu palamut Prensestir. Uzun beni sırtına alıp oraya götürürse çok geçmeden döneriz.»

Böylece Uzunla Keskin Göz kısa sürede gidip gelmişler. Keskin Göz palamutu Prense verip, «Bunu yere at,» demiş.

Prens, Uzunun söylediğini yapınca şimşek gibi bir ışık görünmüş, sonra da Prensesi karşılarında bulmuşlar.

Aradan birkaç dakika geçmiş geçmemiş, salonun kapısı açılıp hain hain gülen büyücü içeriye girmiş. Ama Prensesi karşısında görür görmez öfkeden yüzü kararmış. Belindeki demir çemberlerden biri çatlayıp şangır şungur yere düşmüş. Büyücü bir kelime bile söylemeden, Prensesi bileğinden tuttuğu gibi alıp götürmüş.

Prensle üç arkadaşı Demir Sarayın her yanını dolaşmışlar. Odalarda taş olmuş insanlardan başka bir şey yokmuş. Bahçede ne çimen, ne çiçek, ne yaprak, ne de kuş sesi varmış.

Bir sihirle önlerine yemek gelmiş, akşam yemeğinden sonra da Büyücü, Prensesi odaya getirip bırakmış.

Ama ne kadar uğraştılarsa da, üçü de çok geçmeden yine uyuyakalmış. Şafak sökerken Prens uyanıp Prensesin gittiğini görünce bağırmış.

«Keskin Göz, kalk! Prensesi etrafta görebiliyor musun?» Bir iki dakika sonra Keskin Göz, «Evet görüyorum,» demiş. «Buradan iki yüz mil ötede bir dağ, üstünde de bir kaya var. Kayanın içinde çok değerli bir mücevher var, bu mücevher Prensesin kendisidir. Uzun beni şimdi oraya götürür, sen yerinden üç kez dönmeden biz burada oluruz.»

Böylece Uzun her adımda yirmi mil aşarak oraya varmış. Keskin Göz'ün bir bakışı dağı ve kayayı toz haline getirmiş. Az sonra da mücevherle saraya dönmüşler. Prens mücevheri yere atar atmaz büyücü içeri girmiş.

Büyücü, Prensesi yine karşısında görünce öyle kızmış, öyle kızmış ki, gözlerinden ateş fışkırmış. Belindeki demir çemberin biri daha çatlayıp şangır şangır yere düşmüş.

Homurdanarak Prensesi bileğinden tutup götürmüş. Akşam olunca da Prensesi son deneme için yine Prens ve üç arkadaşının yanına getirip bırakmış.

Bu sefer uyumamaya kararlı olan Prens oturmamış bile, ellerini birbirine şak şak diye vurarak odada dolaşmaya koyulmuş, ama biraz böyle dolaştıktan sonra yere yığılıp horlamaya başlamış.

Uyandığı zaman Prenses gitmiş, güneş de doğuyormuş. «Keskin Göz, çabuk ol, çabuk ol!» diye Prens bağırmış. Keskin Göz uyanıp hemen göz bağlarını çıkarmış, uzaklara bakmış.

«Aman Allahım!» demiş Keskin Göz. «Prenses öyle uzakta ki. Buradan üç yüz mil uzakta çok derin bir kara deniz var. Kara denizin tam ortasında, dipte ufak bir kabuk, kabuğun içinde de altın bir yüzük var, işte Prenses o yüzükte. Elimizden geleni yapacağız. Ama Uzun bugün Şişkoyu da benimle birlikte sırtına almalı.»

Böylece Uzunun bir omzuna Şişko, bir omzuna da Keskin Göz binmiş. Çok geçmeden de derin kara denize varmışlar. Ama Uzun kolunu ne kadar uzattıysa da denizin dibine bir türlü erişememiş.

«Biraz bekle bakalım, belki ben sana yardım edebilirim,» diyen Şişko öyle şişmiş ki, artık dünyaya sığmayacak gibi olmuş. Sonra da eğilip denizin suyunu içmeye başlamış. İki dakikada öyle çok su içmiş ki, Uzun denizin dibine kolaylıkla uzanıp kabuğu almış, içinden yüzüğü çıkarmış. Üçü birden yola düzülmüşler.

Ama Şişkonun suyu içmesi iki dakika sürmüş. Uzunun da yükü ağır olduğu için onlar saraya varmadan güneş yükselmiş. Büyücü odada yalnız olan Prensin yanına bahsi kazandığından emin olarak gelmiş.

Tam elini kaldırıp Prensi taş yapacağı sırada Keskin Göz yüz mil uzaktan onları görmüş. Uzun nişan alıp yüzüğü öyle bir fırlatmış ki, yüzük camı parçalayıp Prensin önüne düşmüş... Yüzük yere değince bir parıltı olmuş, Prenses ortaya çıkmış.

Bunu gören Büyücü öyle kızmış, öyle bağırmış ki, belindeki son demir çember de çatlayıp yere düşmüş. Son çember düşünce Büyücü bir karga olmuş, kötü kötü gaklayarak camdan uçup gitmiş.

Böylece büyü çözülünce Prenses gülmüş, sevinçten yanakları pembeleşmiş, sonra da kendini Prensin kollarına atmış.

O sırada saraydaki taş olmuş bütün insanlar canlanmış, çimenler büyümüş, çiçekler açmış, kuşlar ötmüş. Herkes çok sevinmiş. Prens, Uzunun bir omzunda, Prenses öbür omzunda evlerine gelmişler. Uzun tekrar dönüp Şişko'yla Keskin Gözü de almış.

Oğlunun geri gelmesine ihtiyar Kral çok sevinmiş. Güzel gelinini de çok sevmiş. Hemen o gün düğün hazırlıklarına başlatmış.

Gitmek isteyen Uzun, Keskin Göz ve Şişkoya, Prens ne kadar ısrar edip, «Benimle kalın, burada her istediğinizi bulursunuz,» dediyse de onları bir türlü razı edememiş.

«Biz çalışmadan tembel tembel oturamayız. Yarın dünyayı dolaşmaya çıkacağız, bu arada da yardım edebildiklerimize yardım edeceğiz,» demişler.

Böylece dünyayı dolaşmaya çıkan bu üç arkadaş hâlâ dolaşıyorsa, belki siz de bir gün onlara rastlarsınız.

ÇİN

PERİ GELİN

Bir zamanlar eski Cathey kentinde dört erkek kardeş varmış. Bu kardeşlerden üçü evlenecekleri kızları seçmişler. Birinci kardeş İmparatorun kızını kendine eş olarak seçmiş ve bunun içinde herkes tarafından kutlanmış. İkincisi Timsah Generalin kızını razı etmiş. Onun da durumu çok parlakmış. Üçüncü kardeş de Başveznedarın kızıyla evleneceği için çok önemli bir kişi olmuş.

Dördüncü kardeş ise kendine eş seçmemiş. İstediği kızı bulabileceğini de hiç sanmıyormuş. Bu dördüncü kardeş şairler gibi hayal kurar, bir peri kızıyla evlenmeyi düşünürmüş. Öbür kardeşleri ona gülerlermiş, ama o aldırmaz, gülmelerini hoş karşılarmış.

Böylece üç kardeşin düğünleri beraberce İmparatorun sarayında yapılmış. Düğün çok görkemli olmuş. En soylu, en zengin aileler saraya davet edilmişler. Hepsi de işlemeli elbiseler, pırlantalar, elmaslar içinde gelmiş.

Dördüncü kardeş de düğüne gelmiş, ama hiç eğlenememiş. Bu ünlü ailenin eğlencelerinden sıkılmış, saraydan çıkıp yalnız başına yürümeye başlamış. Biraz gittikten sonra yolu söğüt ağaçlarının arasında, yüksek bir köprüye varmış. Bu köprüye dayanıp aşağıda akan suları seyrettikten sonra tekrar yürümeye koyulmuş. Köprüyü geçer geçmez bakmış, karşısında güzel bir kız duruyor. Bu kız dünyanın en güzel kızından daha güzelmiş. Vücudu kusursuz, yüzü aydan daha sevimli, ayakları ise en iyi, en soylu ailelerin kızlarının ayaklarından daha küçükmüş.

Dördüncü kardeş kızı görür görmez onun bir peri kızı olduğunu anlamış. Kızın elbiseleri eskiymiş, ama kendi o kadar güzelmiş ki, delikanlının gözleri kamaşmış ve kızdan kendisiyle evlenmesini istemiş. Kız bu isteğini kabul edince, delikanlı artık sevinçten deliye dönmüş.

«Sen şimdi burada bekle,» demiş. «Benimle evleneceğine göre, seni bir arabayla en soylu ailelerin kızları gibi İmparatorun sarayına götüreceğim.»

«Ama ben oraya yürüyebilirim,» demiş güzel kız.

«Yürürsün, ama doğru olmaz.» Genç adam saraya geri dönüp heyecan içinde davetlilerin arasına girmiş, oradan oraya koşup kardeşlerini aramış, bulunca da, «Alacağım sevimli kızı buldum. Peri eşimi getireceğim bir araba bulmaya geldim,» demiş ve sonunda çok güzel bir araba bulmuş, sabırsızlıkla peri kızını almaya köprüye gelmiş. Kızı alıp İmparatorun sarayına tam zamanında yetişmiş. Öbür üç kardeşi seçtikleri değerli kızlarla evlendikten sonra dördüncü kardeş de peri kızıyla evlenmiş.

Düğündeki süslü davetliler kızın sade giysilerine alayla bakıp, yüzlerini yelpazelerinin arkasına saklayıp gülmüşler.

Düğünün ertesi günü, kendi törelerine göre dört yeni gelin hep birlikte saygıdeğer ailelerini ziyarete gitmişler. Timsah General ve Başveznedar İmparatorla beraber sarayda olduğundan hepsi oraya gitmiş. Peri gelin de görünürde bir ailesi olmadığı için onlarla gitmiş. İmparatorun kızının armağanı en üstün kalite çay, Timsah Generalin kızınınki en iyi yasemin çayı, Başveznedarın kızınınki de en güzel kokulu çaymış. Peri gelinin armağanı ise en düşük kalite yeşil çay olmuş. Öbür kardeşlerin hanımları yine onunla alay ederek yelpazelerinin arkasından gülmüşler. Dördüncü kardeş de ailedeki saygınlığı iyice kaybetmiş.

Böylece zaman geçmiş, yılbaşı gelmiş. Yeni evlilerin akrabalarına armağan verecekleri zaman üç kardeş de saraya gitmişler. Ama dördüncü kardeş hiç kimseye bir şey söylemeden evde oturmuş.

Peri hanımı gelmiş, «Neden üzülüyorsun, neden sen de öbür kardeşlerin gibi saraya gitmiyorsun?» diye sormuş.

«Ben gidemem ki,» deyip içini çekmiş dördüncü kardeş. «Onlar armağan götürdüler, ama ben yoksul olduğum için armağan alamam.»

Peri kızı gülmüş. «Benim söyleyeceklerimi yaparsan sen de gidebilirsin,» demiş. Sonra büyüyle samanlardan bir at yapmış. Bir parça da ayağını ufacık yapan sargıdan koparıp kocasına vermiş. «Atını doğru denize sür. Deniz kenarına gelince bez parçasını suyun üstüne koy, sonra peri yolunu izle,» demiş.

Dördüncü kardeş karısının söylediklerini yapmış. Atını denizin kenarına sürmüş. Perinin verdiği bez parçasını denize atmış. Önünde Peri yolu açılmış. Bu yola atını sürüp gitmiş. Büyük bir sandık dolusu en iyi çayla geri dönmüş. Böylece o da kardeşlerinin karılarına ve akrabalarının hepsine armağanlar vermiş. Peri hanımın da aile içinde değeri yükselmiş.

Aradan günler geçip birinci ayın on dördüncü günü yaklaşmış. Herkesin birbirine en iyi armağanı vereceği günmüş bu.

Öbür kardeşlerinin hanımları satın alacakları değerli armağanları konuşup gülerken, dördüncü kardeşi yine bir üzüntü almış. Ama Peri hanımı şöyle söylemiş:

«Saygıdeğer efendim, deniz kenarına git, orada bulacağın sandığı bana getir.»

Adam Peri hanımının söylediği gibi deniz kenarına gitmiş. Bu sefer sandığın içinde en iyi çaydan da üstün bir çay bulacağını sanıyormuş, ama orada içi boş, çürümüş, tahta bir sandık bulunca çok kızmış, sandığı alıp yere fırlatıp eve dönmüş.

«Saygıdeğer efendim, sandığımı getirmedin mi?» diye hanımı sormuş.

Adam, «Hayır,» diyerek başını sallamış. «Eski çürümüş sandığın içinde bir şey yoktu.» Bunu duyan peri kızı üzüntüyle,

«Saygıdeğer, fakat akılsız efendim, lütfen bana o eski sandığı getir,» deyip öyle tatlı gülmüş ki, kocası gidip sandığı getirmiş. Ama getirirken de yolda bütün kocalar gibi söylenip durmuş.

Ayın on dördünün sabahı sandığın kapağından içeri bakınca şaşırıp kalmış adam. Kapının altında mermer bir merdiven, merdivenin sonunda da bir peri kenti.

Peri kızı önde, kocası arkada merdivenlerden inmişler. Güzel caddelerden geçmişler, dükkânlara bakmışlar, tiyatrolar seyretmişler, parklarda dolaşmışlar, saraylara, bahçelere girmişler.

Merdivenden yukarı çıkınca Peri kızı sandığın kapağını kapamış. Kocası da kardeşleriyle karılarını sihirli sandığını göstermek için çaya davet etmiş. Üç kardeş ve karıları gelip çaylarını içtikten sonra Peri kızı sandığın kapağını açıp onları Peri kentinde gezmeye götürmüş. Öbür kardeşlerle karıları bakmışlar ki, burada her şey daha iyi, tiyatrodaki oyunlar daha eğlenceli, yemekler daha lezzetli, yumurtalar daha taze. Öbür kardeşlerin karıları başlamışlar peri kızını kıskanmaya, Çok geçmeden de ondan nefret eder olmuşlar. Babalarına gelip sihirli sandığı anlatırken Peri kızını da iyice kötülemişler.

İmparator kendi kendine düşündükten sonra Timsah Generalle Başveznedarı çağırtmış. «Saygıdeğer damatlarımızın peri kentine gitmelerini yasak etmeliyiz,» demiş.

İmparator, «Bu santık benim olmalı,» diye eklemiş. «Çünkü damatlarımın kardeşi peri kenti İmparatoru, peri kızı da İmparatoriçesi olursa, çok geçmeden beni düşürüp yerimi alırlar.»

Timsah General kendi kendine düşünmüş. Ben Peri kentinin ordusunun başına geçersem, o zaman kentin imparatoru olabilirim.

Veznedar da düşünmüş. Peri kentinin bütün zenginliğini elime geçirirsem iki kentin de imparatoru olabilirim.

Böylece üçü de ne yapacaklarını içlerinden kararlaştırmışlar. Bir gün dördüncü kardeşe misafir gitmişler. Peri kız çaylarını ikram ettikten sonra onları Peri kentine götürmüş. Bütün Peri kentini dolaşıp gezmişler, en sonunda da Peri Sarayına gelmişler. Aklına koyduğunu ilk yapan İmparator olmuş. İmparator tahta çıkmış ve şarap emretmiş. Timsah Generale, Veznedara, dördüncü kardeşle karışına da ne oturmalarını, ne de şarap içmelerini söylemiş. İmparator içtikçe içmiş. İçtikçe de aklına kötü şeyler gelmiş. Peri kentinin askerlerini çağırtmış. «Timsah Generali ve Veznedarı yakalayın,» diye emir vermiş askerlere. «Bu korkak Generalle bu namussuz Veznedar beni öldürüp sihirli sandığı ele geçirmek istiyorlar. Kafalarını kesip getirin.»

Böylece Peri kentinin askerleri Timsah Generalle Başveznedarı yakalamışlar. Peri cellat da gelip onların kötü kafalarını kesmiş.

Bu arada İmparator durmadan şarap içip, dördüncü kardeşle peri kızına kötü kötü bakıp söyleniyormuş. Onlar da korkudan tir tir titriyorlarmış. Derken Peri kentini yeşil su basmaya başlamış.

Su önce yerleri kaplamış, sonra İmparatorun tahtına doğru yükselmeye başlamış, ama İmparator içkiden bir şey görecek halde değilmiş. Peri kızı kocasını elinden tutmuş, beraberce saraydan kaçıp merdivenlerden yukarı çıkmışlar. Evlerine gelince sihirli kutudan uzanıp aşağı bakmışlar ki, ne görsünler... İmparator hâlâ tahtında oturuyor. Su beline kadar gelmiş, ama o hiç aldırmadan içiyormuş. Sakalı suyun içinde deniz otları gibi yüzmeye başlamış. Çok geçmeden yalnızca yüzünü görebilir olmuşlar. Ama bir zaman sonra yüzü de gözden kaybolmuş.

Peri kızı kapağını kapayıp sandığı kocasına vermiş. «Saygıdeğer efendim, bu sandığı al götür ve denize at,» demiş. Dördüncü kardeş de eski sandığı götürüp denize atmış.

Bundan sonra da ne İmparatoru, ne Başveznedarı, ne de Timsah Generali gören olmuş.

DANİMARKA

DENİZKIZININ OĞLU HANS

Çok eski zamanlarda küçük bir köyde yaşayan bir demirci varmış. Bu demircinin parası çok azmış, ama çocukları pek çokmuş. Dükkânında fazla iş olmadığı zamanlar, demir küçük sandalına biner, açık denizlere balık tutmaya gidermiş. İşte yine böyle balık tutmaya gittiği bir gün, balık yerine bir denizkızı yakalamış. Daha doğrusu denizkızı onu yakalamış. Alıp denizin dibine, mercanlardan yapılmış mağarasına götürmüş. Karısı evde bekleyedursun, denizkızı orada demirciyle evlenmiş. Evlenmiş, evlenmiş, ama demirciyi yanında uzun süre alıkoyamamış. Kısa bir zaman sonra demircinin kayığını en güzel balıklarla doldurup evine geri göndermiş. Bol bol şans dilemiş. Böylece demircinin şansı öyle açılmış ki, deniz kenarına gider gitmez, dalgalar ayağının dibine değerli bir şey getirir olmuş.

Aradan yedi yıl geçtikten sonra denizkızı ona hiç aklına gelmeyecek bir şey göndermiş. Bir sabah dükkânında işini yaparken, yanına yakışıklı bir delikanlı gelmiş ve şöyle demiş: «Günaydın babacığım, annem denizkızı size selamlarını gönderdi. Yedi yıl onunla oturduğumu, daha fazla onunla kalmanın size karşı haksızlık olacağını söyledi ve gelecek yedi yılı yanınızda geçirmem için beni size gönderdi.

Demirci şaşkın bir halde başını kaşıyıp karşısındaki geniş omuzlu delikanlıya bakakalmış. «Yedi yılda yirmi bir yaşında bir adam kadar büyüdüğüne göre, yedi yıl sonra acaba ne olacaksın? Ama zaten denizin altında çok acayip şeyler oluyor. Neyse, şimdi içeri gir. Karnın açtır, bir lokma ekmek yiyip bir şeyler iç.»

Adı Hans olan delikanlı sevinçle, «Evet, açım, biraz bir şeyler yiyebilirim,» demiş. Evdeki kocaman, taze bir ekmeği yedikten sonra dışarı çıkmış. Demirci, «Karnın doydu mu oğlum?» diye sormuş.

«Doğrusu hayır, içeride ancak bir lokma yiyecek vardı.»

Bunun üzerine demirci eve girip, bir somun ekmeği ortasından keserek yarım kalıp peyniri içine koymuş ve Hans'a vermiş.

Az sonra oğlan dışarı çıkınca demirci yine sormuş. «Eh şimdi iyice doymuşsundur herhalde.»

«Doğrusu doymadım. Verdiğiniz yiyecek bir lokma bile değildi. Görüyorum ki, burada yiyecek pek kıt. Bari açlıktan ölmeden gidip karnımı doyuracak bir iş bulayım.» Hans'ın gideceğini duyan demirci pek de üzülmemiş. Sadece yol için bir şey isteyip istemediğini sormuş.

Hans da, «Sağlam, çabuk aşınmayacak bir demir baston isterim,» diye cevap vermiş. Demirci hemen içeriden bir demir baston getirip Hans'a vermiş. Ama Hans bunu küçük parmağıyla büküp kırıvermiş. Demirci yine gitmiş, kalın bir araba demiri getirmiş. Hans bunu da dizinin üstüne koyup bir tahta parçası gibi ikiye ayırmış. Demirci yine içeri girmiş. Dükkânda ne kadar demir varsa hepsini toplayıp yerinden kımıldatamayacağı kadar ağır bir sopa yapmış. Hans sopayı alıp elinde oynatarak, «İşte bu iyi. Buna babamın armağanı deyip talihimi aramaya yola çıkıyorum,» demiş ve gitmiş.

Demirci de evde her şey bitmeden ondan kurtulduğu için çok sevinmiş. Hans büyük bir çiftlik evine rastlamış. Evin arkasında büyük bir çiftlik, çiftlik evleri ve parklar varmış. Hans geldiği sırada çiftlik sahibi kapısının önünde duruyormuş. Hans'ı görünce, «Arkadaş, ne bakınıyorsun? Bir yer mi arıyorsun?» diye sormuş.

Hans da, «İş arıyorum, kuvvetli bir adama ihtiyacı olan ve karşılığında bol yiyecek veren bir yer istiyorum,« demiş. Çiftlik sahibi, «Tam yerine geldin, arkadaş. Her yıl bu mevsimde iki düzine işçi alırım. Ama bu yıl adam kıtlığı var, ancak on iki işçi bulabildim,» demiş.

«Çok iyi,» demiş Hans. «Ben sana on iki kişinin yaptığı işi yaparsam, sen de bana on iki kişiye verdiğin yemeği verir misin?»

«Anlaştık,« demiş çiftçi. «Sen on iki kişilik iş yaparsan ben de sana on iki kişilik yemek veririm.»

O akşam çiftlikte pek iş yokmuş, ama bir hafta yetecek kadar ekmek varmış. Hans oturup yemeklerin hepsini bitirmiş sonra da yatıp derin bir uykuya dalmış.

Ertesi sabah adamların nasıl çalıştığını görmek isteyen çiftçi erkenden kalkmış. Bakmış, Hans ortalıkta yok. Öğle olmuş, Hans yine yok. Kızan çiftçi gidip Hans'ı zorla uyandırmış. «Kalk bakalım, genç arkadaş, çabuk olmazsan sen bir adamın işini bile yapamayacaksın.» «Doğru,» demiş Hans. «Kahvaltımı edip hemen işe başlayalım.»

Çabucak giyinip bir kazan yemeği yedikten sonra çiftçiye o gün yapılacak ne iş olduğunu sormuş. «Mısır, arpa, buğday ve darı dövülecek avluya git, orada sana bir sopa verip bu işi nasıl yapacağını gösterirler.»

Hans bir sıçrayışta avluya gitmiş, bakmış on iki tane dövme yeri var. Bu yerlerin altı tanesinde de on iki adam çalışıyor. Geri kalan altı yer de onu bekliyor. «Bu iş nasıl yapılır?» diye sormuş Hans. Oranın kâhyası da nasıl yapıldığını eline bir sopa vererek göstermiş.

Hans sopayı alıp bir kez vurunca sopa ikiye ayrılmış. Öbür sopaları denemiş. Ama hepsini de bir vuruşta kırmış. «Bana daha sağlam bir sopa gerek,» demiş ve samanlığın direklerinden iki tanesini çıkarıp birbirine eklemiş. Ama samanlık bu sopa için çok alçakmış. Sopayı iyice yukarıya kaldırabilmek için samanlığın damını tutup kaldırmış, tarlaya koşmuş ve işe büyük bir gayretle başlamış. Samanlıkta ne kadar ekin varsa hepsini dövmüş. Dövdüklerini de bir yığın yapmış. Damı da yerine koyup işinin bittiğini kâhyaya bildirmiş. Bütün ürünün dövüldüğünü gören kâhya şaşırmış. Ama arpa, buğday, mısır, darı hepsinin birbirine karışmış olduğunu görünce canı sıkılmış. Yine de Hans'ın yaptığı işe kusur bulmaya cesaret edememiş. Sadece, «Sen işini yarım yapmışsın, bu dövdüğün arpa, mısır, buğday ve darıların ince kabukları duruyor. Bunların ince kabuklarını da ayıracaksın,» demiş.

Hans önce eliyle bir bir ayırmaya kalkmış. Bakmış ki, çok uzun sürecek. Gitmiş, öbür adamlara nasıl yaptıklarını sormuş; onlar da ona bir körükle üfleyerek kabukları nasıl savurduklarını göstermişler. Ama Hans'ın yeri tepeye kadar tıklım tıklım doluymuş. Kabukları ayıracak yer yokmuş. Hans da ne yapsın, samanlığın bir yanında oturup körüğü üflemeye başlamış. İnce kabuklar karşı kapıdan dışarı uçmuş, bütün taneler tertemiz kalmış.

İşi biten Hans mutfağa gitmiş. Kış için ayrılmış ne kadar sucuk, salam varsa hepsini yiyip karnını doyurmuş. Akşam yemeğine kadar da uyumuş. Şaşkına dönen kâhya karısına dert yanıp, «Bu adamın işine son verip kurtulmalıyım. Ama cesaret edip ona bir şey söyleyemiyorum...» demiş. Karısı düşünmüş, taşınmış, sonunda Hans'dan kurtulmak için bir çare bulmuş. Kocasına planını anlatmış. O da gitmiş, çiftlik sahibine anlatmış. Çiftlik sahibi de öbür on iki işçiyi çağırıp, onlara ne yapacaklarını söylemiş.

Akşam yemek vakti olunca iki işçi, «Yarın kim ormandan en çok odun toplayıp en çabuk çiftliğin avlusuna girecek diye bahse tutuşalım,» demişler ve şöyle bir karara varmışlar: «En son kalanın ceza olarak başı kesilecek!..»

Hans da öbür on iki işçi gibi buna razı olmuş.

Ertesi sabah Hans'ı uyandırmadan hepsi ormana gitmişler.

Hans ancak öğle vakti uyanabilmiş.Öbür işçiler ise güneş doğarken işlerine başlamışlar. Ama Hans onların erkenden gitmiş olmalarına hiç aldırış etmemiş. Güzel bir kahvaltı ettikten sonra kendisine bırakılan topal atı kırık arabaya koşmuş ve ormana doğru yola çıkmış.

Dar orman yolunda giderken önüne kilitli bir kapı çıkmış. Hans kapıya bir tekme atmış, kapı paramparça olmuş. Kapıdan çıkmış, yolun üstüne de kocaman bir kaya parçası koyarak yolunu kapatmış.

Sonunda ormanda öbür adamları bulmuş. Bakmış, hepsi arabalarına odunları yüklemiş, geri dönmeye hazırlanıyorlar. Hans hemen işe başlamış, ama ilk vuruşta baltanın sapı kırılıp ağzı dümdüz olmuş. Hans bakmış, bu iş bu küçücük baltayla olmayacak, başlamış ağaçları tutup köklerinden çekip çıkarmaya. Çok geçmeden de arabasını hepsinden çok odunla doldurmuş. Ama bu sefer de at bu kadar yüklü arabayı çekememiş. Böylece kendisi arabayı sırtına yüklenmiş. Hans önde, at arkada, çiftliğe doğru yola koyulmuşlar.

Kırdığı kapının bulunduğu yere gelince bakmış ki, on iki adam koyduğu kaya parçasını yerinden kıpırdatmaya uğraşıyorlar. «Ayıp, ayıp, on iki kişi ufacık bir taşı kaldıramıyorsunuz,» diyerek bir tekmeyle kayayı yoldan öteye fırlatmış, kendisi de hızlı adımlarla yoluna devam etmiş.

Akşam olmuş, yemeğe oturmuşlar, fakat hiç kimse tutuştukları bahisten söz etmiyormuş. Gece olup herkes yattıktan sonra çiftlik sahibi, kâhya ve kâhyanın karısı oturup uzun uzun konuşmuşlar, çare aramışlar ve avludaki derin kuyuyu Hans'a temizletmeye karar vermişler.

Ertesi gün Hans kuyunun dibine inmiş. On iki işçi de yukarıda toplanıp aşağıya büyük taşlar atmaya başlamışlar. Hans aşağıdan seslenmiş. «Hey! Yukarıda kim varsa, şu tavukları oradan kovalayıversin, eşelendikçe üzerime çakıl taşı düşürüyorlar.»

Bunun üzerine yukarıda ne kadar insan varsa hepsi birlikte yuvarlak kocaman değirmen taşını kuyunun üstüne taşımışlar ve aşağıya Hans'ın üstüne atmışlar.

Taş Hans'ın başına vurunca ortası delinmiş ve boynuna gerdanlık gibi geçmiş. Hans boynundaki bu taşla kuyudan yukarı çıkmış, «Şaka yaptınız, iyi güzel, ama ben boynumdaki bu halkayla papaz gibi gezemem!» deyip değirmen taşını tuttuğu gibi başından çıkarmış ve kâhyanın ayağının dibine fırlatmış. Taşın ucu kâhyanın ayağına değmiş, zavallı adamın bir ayağı parçalanmış.

Adam ayağını sarmış, karısıyla çiftlik sahibine gitmiş. «Ne yapacağız, bu adamdan nasıl kurtulacağız?» diye yine düşünmeye başlamışlar.

«Benim aklıma bir şey geldi,» demiş çiftlik sahibi, «Bu akşam Şeytan Gölüne gidip balık tutmasını söylersin. O göle gider gitmez ihtiyar Eric sudan çıkıp onu mutlaka yakalar. Hans bile ihtiyar Eric'ten canını kurtaramaz.»

Kâhya bu fikri o kadar beğenmiş ki, topallaya topallaya gidip hemen Hans'ı bulmuş. «Hans, yarın sana bütün gün izin vereceğim. Senin boynuna o halkayı geçiren haylazları da cezalandıracağım. Eğer bu gece Şeytan Gölüne gidip bana bulabildiğin kadar çok balık tutup gelirsen,» demiş. Hans da, «Bu teklifi çok beğendim,» diye cevap vermiş. «Ama belki gece acıkırım, bana biraz yiyecek vermelisin, bir ton ekmek, bir fıçı tereyağı ve bir fıçı bira istiyorum.»

Kâhya buna da razı olmuş. Hans yiyeceklerini bir halının içine sarıp sopasının ucuna takmış ve yola çıkmış. Göle gelmiş, kayığı indirip binmiş, gölün ortasına açılmış. «Balık avlamaya başlamadan biraz bir şeyler yiyip karnımı doyurayım,» demiş. Tam o sırada kocaman pençeli, uzun kuyruklu, kocaman boynuzlu ihtiyar Eric denizden çıkmış. Hans'a arkadan saldırıp onu gölün dibine çekmiş.

Ama Hans giderken sopasını yakalamayı unutmamış. Gölün dibine gelip ayağını yere basınca da ihtiyar Eric'i sopasıyla öyle bir dövmüş ki, canavar bir pide gibi yere yamyassı serilip kalmış.

Çok korkan canavar, onu serbest bırakır, artık vurmazsa, bir daha gölün yanına bile gelmemeye söz vermiş. Hans bunun üzerine, «Göldeki bütün balıkları yakalayıp çiftlik avlusuna taşırsan seni serbest bırakırım, yoksa bırakmam,» demiş.

İhtiyar Eric, Hans'a istediğini yapacağına söz vermiş. Hans da suyun üstüne çıkıp sandalda yemeğini bitirdikten sonra çiftliğe gidip yatmış.

Ertesi sabah kâhya kalkmış. Ne görsün! Çiftlik üst katın camlarına kadar balık dolu, etrafta balıktan başka bir şey görünmüyor. «Aman Allahım, şimdi ne yapacağım!» demiş kâhya. Karısı da, «Ben ona yaptıracağımız en uygun işi buldum!» diye sevinçle bağırmış. «Hans'a hemen cehenneme gidip, alacağımız olan parayı isteyip bize getirmesini söyle. Eğer oraya giderse bir daha geri gelemez. Yolu bulup gidemezse, o zaman da bir daha buraya zaten gelemez.»

Böylece kâhya bacaya tırmanıp dama çıkmış. Her yanı dolduran balıkların üzerinden kayarak avlunun öbür tarafına geçmiş, Hans'ı bulmuş. «Çok iyi bir iş başarmışsın,» demiş. «Ama şimdi sana son bir iş daha vereceğim. Onu da yaparsan evine dinlenmeye gidecek, ama bütün aylıklarını alacaksın. Cehenneme git şimdi ve oradakilerin bana borcu olan parayı al getir.»

«Hemen giderim,» demiş Hans. «Yalnız sen bana ne yana gideceğimi göster.»

«Çok kolay, şu ormana giden yoldan dosdoğru gidersin. Ormana gelince güneye sapar, o yönde ilerlersen, sonunda cehenneme varırsın.»

Hans bu sefer yanına daha çok yolluk alıp, cehennemi bulmaya yola çıkmış. Az sonra şeytana giden bir günahkâra rastlamış. «Bana cehennemin yolunu gösterebilir misin, arkadaş?» diye sormuş.

«Beni izle,» demiş günahkâr. «Ben çok acele olarak oraya gidiyorum.»

Böylece ikisi beraber yola koyulmuşlar. Çok geçmeden de Hans cehennemin kapısına gelmiş. Başlamış sopasıyla kıvılcımlar çıkaracak kadar hızlı hızlı kapıya vurmaya. Kapı hemen açılmış, içeriden bir ordu küçük şeytan çıkıp Hans'a ne istediğini sormuşlar. Hans onlara ne istediğini bildirince, küçük şeytanlar Hans'ı içeri sürüklemek için üstüne saldırmışlar. Ama Hans onların üzerine doğru sopasını öyle bir sallamış ki, küçük şeytanlar korkuyla bağırışarak içeri kaçmışlar. İçeride yaşlı Eric gölde yediği dayaktan hâlâ hasta yatıyormuş. Onları dinleyip Hans'ın geldiğini anlayınca, «Yine o adam mı?» diye bağırmış. «Ona istediğinden on kat fazla altın verin. Yalnız sakın ha, onu buraya içeri almayın!»

Böylece küçük şeytanlar Hans'a on torba altın verip yolladıktan sonra cehennemin kapısını sıkı sıkı sürgülemişler.

Hans altınları yüklenip çiftliğe gelmiş. «Artık yoruldum, dinlenmeye çekiliyorum,» demiş. Altınların beş torbasını çiftlik sahibine bırakıp babası demirciye gitmiş. Kalan beş torba altını da ona verdikten sonra güzel bir tatil yapmak için denizin dibine, annesi denizkızının yanına dönmüş.

O zamandan beri de denizkızının oğlu Hans'ı kimsecikler yeryüzünde bir daha görmemiş.

DANİMARKA

SİHİRLİ KİTAP

Peter'le Kristen orman kenarında küçük bir kulübede otururlarmış. Hans adında bir de oğulları varmış. Hans on altı yaşına basınca annesiyle babasına veda edip, dünyayı dolaşıp define aramaya çıkmış.

Ormandaki dar yolda şarkı söyleyip, gördüğü kuşlar, hayvanlarla şakalaşıp ilerlerken nereye gideceğini hiç düşünmez, yalnız ne yapacağını düşünürmüş. Birden karşısına ihtiyar, çok uzun sakallı bir adam çıkmış.

«Söyle bakalım, oğlum,» demiş ihtiyar. «Nereye gitmeye niyetlisin?»

«Define aramaya çıktım. Ama şimdi karnım çok acıktı, bir iş bulsam iyi olacak. Çok yorucu olmayan, bol yemek ve para veren bir iş bulursam hemen çalışırım.»

«Benimle gel...» demiş ihtiyar adam. «Tam senin gibi bir gence ihtiyacım var. Ben gezilere çıktığım zaman sen evimi temiz tutarsın. Yapacağın iş çok değil, toz alıp yerlere kum serpeceksin. Evde istediğin kadar yiyecek bulursun. Para olarak da sana yılda kırk parça gümüş vereceğim.»

«Tam bana göre bir yer!» diye sevinçle bağıran Hans, ihtiyar adamla yola koyulup gelmiş.

Evin kapısı dağın içinde, gizli bir yerdeymiş. Kapıdan girip birçok basamak indikten sonra büyük bir mağaranın avlusuna gelmişler. Burası hiç sönmeyen lambalarla aydınlatılmış, çok güzel eşyalarla dolu bir yermiş. Avlunun etrafında da başka odalara açılan birçok kapalı kapı varmış.

«İşte evime geldik!» demiş ihtiyar. «Bu kapıların, birinden başka hepsi açıktır. Yalnız şu üstünde gümüş anahtar olan kapı kilitlidir. O kapıdan içeri hiç girmeyeceksin. Eğer girecek olursan başına çok kötü şeyler gelir. Odalarda giymek istediğin her şeyi bulursun. İstediğini al, kullan. Acıktığın zaman da şu masaya otur ve ne dilersen dile, istediklerini kapıların içinde hazır bulursun. Şimdilik hoşçakal, ben yolculuğa çıkıyorum, ne zaman döneceğim belli olmaz.»

İhtiyar gider gitmez, Hans oturup güzelce karnını doyurmuş. Karnı doyduktan sonra kalkıp odaları dolaşmış. Bütün güzel elbiseleri giymiş çıkarmış, sonra da güzel bir uyku çekmiş.

Ertesi sabah kalkınca kahvaltısını etmiş, ama yerleri kumlamamış. Nasıl olsa benden başka kimse görmeyecek, ben böyle de olsa aldırmam, demiş içinden.

Üçüncü sabah olmuş. Bu sefer toz da almamış. Nasıl olsa odaları benden başka kimse görmeyecek, ben de odaların tozlu olmasına aldırmam, demiş.

Böylece günleri hiçbir iş yapmadan geçiren Hans, kapısı kilitli odanın karşısına oturur, içeride ne olduğunu merak eder dururmuş. Sonunda dayanamamış içeride ne olduğunu öğrenmek için kilitli kapıyı açmış.

Odada bir kemik yığınından başka hiçbir şey yokmuş. Odanın bir tarafında da kitaplarla dolu bir raf varmış.

Hiç olmazsa vaktimi okuyarak geçiririm, diye düşünen Hans bir kitap alıp odadan çıkmış. Akşam yemeğini yedikten sonra da masada kitabı okumaya başlamış. Kitap bir büyü kitabıymış. İçinde her türlü büyü varmış.

Alacağım paranın yerine bu kitabı alırsam istediğim her şeyi yapabilirim. Şimdi bakayım, beni bu dağdan çıkaracak bir sihir var mı burada, demiş kendi kendine. Çok fazla aramadan da istediğini bulmuş. Ve dağın içindeki mağaradan kolayca çıkmış. Dar orman yolunda neşeyle ıslık çalarak evine doğru ilerlemeye başlamış.

Eve gelince annesiyle babası üzerindeki pahalı giysileri nereden bulduğunu sormuşlar.

«Bütün bunları çalışarak kazandım,» diye cevap vermiş Hans.

«İmkânsız,» demiş babası. «Bu kadar kısa süre çalışmakla bu kadar güzel şeyler alamazsın. Mutlaka bunları çaldın. Çabuk başka yere git. Ben evimde hırsız istemem!»

«Ben size yardım etmek için gelmiştim, ama gidiyorum,» diye Hans söylenmiş. «Sabah kapının önünde güzel ve büyük bir köpek bulacaksınız. O köpeği alıp saraya götürün, on altına Düke satın. Ama tasmasıyla zincirini alıp getirmeyi sakın unutmayın.»

Böylece Hans çıkıp gitmiş. Ertesi sabah bakmışlar, kapının önünde bir köpek... Peter köpeği alıp doğru saraya gitmiş. Köpeği satıp on altını almış. Tasmasıyla zincirini geri getirmeyi unutmamış.

O akşam Hans yine eve gelmiş. «Size büyük bir şey veremedim. Yarın sabah dışarıda bu kulübe kadar büyük bir inek bulacaksınız. Onu alıp Kralın sarayına götürün ve yüz altına Krala satın. Sakın daha aşağıya vermeyin. Vermeden önce de ineği çektiğiniz ipi mutlaka getirin. İneği satar satmaz da eve dönün. Dönüşte ormanın içindeki dar yoldan gelin. Sakın ana yoldan gelmeyin.»

Ertesi sabah karı koca camdan bakınca kulübeleri kadar büyük, keyifle damdaki samanları yiyen bir inek görmüşler.

«İyi, ama biz bu kadar kocaman hayvanın boynuna ipi nasıl geçireceğiz?» demiş Peter.

«Bir çaresini bulmalıyız,» demiş Kristin. «Hem de çabuk olmalıyız. Yoksa damın üstündeki bütün samanları yiyip bitirecek.»

Biraz düşündükten sonra Peter bir merdiven alıp eve dayanmış. Eline de bir iple bir kalas alıp dama çıkmış. Kalasın bir ucunu dama, bir ucunu da hayvanın sırtına dayayıp, üstünde yürüyerek ineğin sırtına çıkmış. İpi ineğin boynuna bağladıktan sonra ucunu aşağı sarkıtmış. Böylece ineği kolayca saraya getirmişler. Sarayın bahçesinde de Kralın kendisiyle karşılaşmışlar.

«Günaydın, Kral hazretleri,» deyip Peter yerlere kadar eğilmiş. «Kızınız Prensesin evlenmek üzere olduğunu duydum. Çok büyük, çok besili olan ineğimin işinize yarayacağını düşündüm, kalabalık davetlilerinize ikram edecek et bulmakta zorluk çekiyorsanız, ineğim işinizi görür sanırım.»

«Mükemmel bir düşünce,» diyen Kral Peter'e yüz parça altını hemen verip sarayın kasabını çağırtmış. «Bıçağını al, bu ineği kes. Bundan en aşağı on bin misafire yetecek kadar et çıkar.»

Kasap bıçağını kaldırıp tam ineğe vuracağı zaman inek bir güvercin olup ormana uçmuş. Kral bunu görünce sihirli ineği satan çiftçiyi aramak için adamlarını yola çıkarmış. Ama Peter elinde ineğin ipi, ormandaki uzun yoldan gittiği için kimsenin aklına o yol gelmemiş.

Ertesi gün Hans yine çıkagelmiş. «Size bir armağanım daha var. Yarın sabah kapının önünde bir at bulacaksınız. Onu alıp pazara götürün, ama sakın sattıktan sonra dizginlerini geri getirmeyi unutmayın.»

Ertesi sabah kapısının önünde bekleyen güzel atı alıp Peter pazara gitmiş. Ama ata yüz gümüş veren hiç kimse çıkmamış. Sonunda uzun sakallı, ihtiyar bir adam hiç pazarlık etmeden yüz gümüş verip atı satın almış.

Peter dizginleri almak için ata yaklaşınca at şahlanıp etrafı tekmelemeye başlamış. «Dizginleri üzerinde bırakman gerekecek,» demiş dağ adamından başkası olmayan ihtiyar.

«Aman olmaz. Ben bu dizginleri mutlaka eve götürmeliyim.»

«Dizginler için sana yüz gümüş veririm.»
«Yine de satamam.»
«Beş yüz gümüş.»
«Olmaz!»
«Bin gümüş...»

Peter artık bu kadar fazla paraya dayanamamış, dizginleri bırakıp eve dönmüş. Büyük bir çiftlik evi yapmış. Yeni tarlalar satın almış ve böylece gittikçe zenginleşmiş. Bu arada atı satın alan ihtiyar dağ adamı atı bir demirciye götürmüş. «Bu atı bana nalla,» demiş.

Demirci ustası, «Çırağın ateşi yakıp körüklemesi uzun sürer. Beklerken gel de seninle bir şeyler içelim,» demiş. Atı avluya bağlayıp keyifle biralarını içmeye koyulmuşlar. O sırada kuyudan su almaya gelen hizmetçi kız atı görünce ona da kovasından su vermiş. At konuşmaya başlayınca kız çok şaşırmış.

«Dizginlerimi çıkarıp alırsan benim hayatımı kurtarırsın,» demiş at.

Konuşan at kızı öyle ürkütmüş ki, onun istediğini hemen yapmış.

Ama bu sefer büsbütün şaşırmış. Çünkü at dizginleri çıkar çıkmaz bir güvercin olup uzaklara uçmuş. Bunu gören kız korkudan bağırmaya başlamış. İhtiyar dağ adamı dışarı çıkıp olanları görünce, bir atmaca olup güvercinin arkasından uçmuş. Ormanların üstünde güvercin önde, atmaca arkada uçmuşlar. Atmaca yaklaşıp tam üzerine atlayacağı sırada, güvercin bir altın yüzük olup Prensesin ayağının dibine düşmüş. Prenses yüzüğü alıp parmağına takmış. Atmaca da güvercinin peşinden yere inince Prensesin koruyucularından biri üzerine bir ok atıp onu yere sermiş. Bu da ihtiyar dağ adamının sonu olmuş. Bir daha hiç kimse dağ adamını görmemiş. Bu Prenses babasının ona eş olarak seçtiği adamla evlenmeyi kabul etmediği için sarayın bahçesine hapismiş. Yemek olarak babası ona sadece ekmekle su veriyor, yatmak için de sarayın bahçesindeki ufak yazlık eve gidiyormuş.

Prenses bahçede tek başına gezinirken altın yüzük birden parmağından fırlamış, yakışıklı genç bir adam olmuş. Genç adam, «Sizi korkuttuğum için beni affedin, Prenses,» demiş. «Ama hayatımı kurtarmak için böyle yaptım. Yoksa ihtiyar dağ adamı sihirli kitabını ondan aldığım için beni öldürecekti.»

Görür görmez Hans'a âşık olan Prenses. «Öyleyse yanımda kalın,» demiş. Hans buna çok sevinmiş. Çünkü o da Prensese âşık olmuş. Böylece Hans, Prenses yalnızken görünür, biri yanlarına gelirken de yüzük olup Prensesin parmağına girermiş.

Aradan epey zaman geçtikten sonra bir gün Kral ansızın bahçeye gelince Hans yine yüzük olmuş, ama Kral onu bir ara görmüş. Çok hiddetlenen Kral, «Demek bunun için sana bulduğum Prensle evlenmedin, ailenizi lekeledin,» diyerek kızının oralara bir yere saklanmış olduğu sevgilisiyle birlikte yazlık eve hapsedilmesi ve açlıktan ölmeye bırakılması için adamlarına emir vermiş.

Prensesi o akşam eve kapayıp kapıya da duvar örmüşler. Zaten evin bütün duvarları taş, camlarında da sadece ufacık delikler olduğu için Prensesin oradan çıkmasına imkân yokmuş. Neyse ki, sihirli kitap Hans'ın yanındaymış.

Aradan birkaç hafta geçmiş. Artık kızının açlıktan ölmüş olacağını düşünen Kral, büyük bir cenaze töreni yaptırmak için duvarları yıktırmış. İçeri girmişler, ama ne görsünler? İçeride ne Prenses, ne bir kemik parçası, ne elbiseleri, ne de parmağında gördüğü altın yüzük var!

Bunun üzerine Kral yaptığına pişman olmuş, Prensesi ve sevgilisini affettiğini ilan edip, eğer hâlâ yaşıyorlarsa getirene ya da nerede olduklarını bildirene büyük bir ödül vaat etmiş.

Gelen Prensle Kral yiyip içip uzun uzun konuştuktan sonra Prens, Krala, «Kral hazretleri, sizin zekânız bütün dünyada ün salmış. Size soracağım çok önemli bir sorun için bana akıl verin,» demiş. «Ülkemde bir adam kızının kendi seçtiği bir

Prensle evlenmesini istemiş, ama kızı bir oduncuyla evlenmiş. Adam da kızını canlı canlı gömmüş. Karar vermek bana düşüyor. Söyleyin, ben bu hain babayı cezalandırayım mı, cezalandırırsam ona ne ceza vereyim?»

Kaybettiği kızının acısıyla dolu olan Kral, «O adamı yakıp küllerini Krallığın üzerine serpiştir,» demiş. Bunun üzerine ayağa kalkan Prens, Krala, «O adam sensin. Ben de senin kızınla evlenen oduncu Hans'ım. Sihirli kitap sayesinde onu götürdüğüm yeraltı ülkesinde, onunla evlendim. Şimdi söyle bakalım, kül olmaya hazır mısın?» demiş.

Kral, Hans'ın önünde diz çöküp yalvarmış. «Ben kendi sonuma kendim karar verdim. Zaten yaptığım işe de o kadar pişmanım ki, bugün yakılmaya razıyım. Yalnız son bir defa kızımı görüp ondan beni affetmesini dilememi sağla bana.»

Hans da, Prenses de, Kralı affedip saraya gelmişler. Kral Hans'ın ne kadar iyi, ne kadar akıllı bir damat olduğunu kısa sürede anlamış.

Böylece uzun yıllar mutlu bir hayat geçirmişler. Sonunda da Hans Kral, Prenses de Kraliçe olup, mutlu hayatlarını sürdürmüşler.

SEDNA'YLA AVCI

Çok eski zamanlarda Sedna adında bir Eskimo kızı varmış. Annesi ölmüş, babasının da tek kızıymış. Sedna kar ve buz ülkesindeki en güzel kızmış.

Sedna'yla babası deniz kenarında kışın buz ve kardan yapılmış evlerinde, yazın da geyik derisinden yapılmış çadırlarında yaşıyorlarmış. Ülkenin bütün delikanlıları gelip Sedna'nın kalbini kazanmaya uğraşırlarmış, ama o hiçbirine yüz vermez, onlara çok acımasızca davranır, bundan da çok hoşlanırmış.

Sonunda bir yaz günü uzak bir ülkeden gelen, çok değerli bir kürk giymiş, genç ve yakışıklı bir avcı kayığıyla evlerinin önünde durmuş... Genç adam karaya çıkmamış, kayığı dalgalarla hafif hafif sallanırken Sedna'ya seslenmeye başlamış. Sedna dayanamamış, ismini bilen bu genci görmek için dışarı çıkmış.

Yabancı avcı, Sedna'yı görür görmez ona en tatlı sesiyle şarkı söylemeye başlamış.

Güzel kız benimle kuşlar diyarına gelsin,
Orada açlık nedir bilmezsin,
Seni çadırımda ayı postları üzerinde yatırayım,

Her şeyimi sana vereyim.
Uzun kış gecelerinde ışıksız kalmayacak,
Çadırımız sıcacık,
Lambalarımız balina yağıyla dolu olacak,
Tencerenin içinde her zaman et bulunacak.

Sedna kapıda durup genç avcıyı dinleyince kalbinin ilk kez kıpırdadığını hissetmiş. Ama yine de yerinden kıpırdamamış. Avcının yalvarmalarına aldırmaz görünmüş. Üzülen avcı yine şarkısına başlamış.

Ayı balığının yumuşak kürkü,
Sedna'mı sıcacık yapacak,
Beyaz fildişi bir gerdanlık,
Bütün güzelliğiyle onun olacak.

Bütün bunları dinleyen Sedna fazla dayanamamış, içeri girip deri battaniyesine sarılmış, sevinçle kayığa, avcının arkasına atlamış. Avcı da küreğine asılıp, büyük dalgaların üstünden aşarak denizler ötesindeki kuşlar ülkesine Sedna'sını götürmüş.

Ama zavallı Sedna'nın mutluluğu uzun sürmemiş. Çok geçmeden yakışıklı avcı kocasının aslında insan olmadığını öğrenmiş. Martıya benzeyen bir kuşun hayaletiymiş. Bazen, kendisini kandırmaya geldiği zaman olduğu gibi, insan şekline giriyormuş.

Zavallı Sedna gerçeği öğrenince ona olan sevgisinin yerini büyük bir nefret almış. Avcı ona ne kadar güzel sözler söyleyip yalvardıysa da, Sedna'nın korkusunu ve nefretini geçirememiş. Sedna güzel çadırında, yumuşacık ayı postunun üstünde, en güzel giysileri ve fildişi gerdanlığıyla oturup durmadan ağlarmış. Beyaz karlar ve buzlar ülkesinde yalnız kalan zavallı babası ise, Sedna'sının özlemi içinde ağlarmış. Bu özleme daha fazla dayanamayan babası denizin durgun olduğu bir gün kayığını indirip kuşlar ülkesinde, Sedna'sını aramaya gitmiş.

Denizler, buzlar, dereler aşmış, sonunda kuşlar ülkesine ulaşmış, Sedna'nın çadırına gelmiş. Bakmış, kocası oralarda yok. Sedna ayı postunun üzerine oturmuş, dertli dertli ağlıyor. Sedna'yı kucağına aldığı gibi kayığına götürmüş. Bütün gücüyle küreklere sarılıp insanlar ülkesine doğru yol almış.

Onlar gittikten az sonra evine gelen avcı bakmış, Sedna yok, kaçıp gitmiş. Hemen korkunç bir kuş şekline girip korkunç sesler çıkararak kayığına atlamış.

Sedna'nın babası onun kayığına yaklaştığını görünce hemen Sedna'yı hayvan derilerinin altına saklayıp, hızlı hızlı yoluna devam etmiş. Kuş yine bir yakışıklı avcı şekline girip yalvarmaya başlamış. «Sedna, sevgili Sedna, ne olur görün bana.»

«Asla!» demiş babası. «Artık onu senin elinden kurtaracağım.»

«O benimdir, alamazsın!» diye bağıran avcı korkunç bir kuş olup kayığın üzerinde kanatlarını çırparak ve korkunç sesler çıkararak uçmaya başlamış.

Sonra da karanlıklara uçup denizin içine dalmış. Dalmasıyla da durgun deniz kabarmış, kocaman dalgalar ve şiddetli rüzgârla altüst olmuş.

Sedna'nın babası böyle güçlü bir düşmanı kızdırıp öfkesini üzerine çektiği için çok korkmuş. Öyle korkmuş ki, artık Sedna'yı filan düşünmeden yalnız bu denizden kurtulmasının çaresini düşünmeye başlamış. Etrafında kabaran dalgalar, gürleyen rüzgâr hep aynı şeyi söylüyormuş. «Sedna! Sedna! Sedna'yı bize ver!» Çok korkan ve çaresiz kalan baba, canını kurtarmak için Sedna'yı sardığı derilerin içinden çıkarmış, tuttuğu gibi kayıktan dışarı, azgın denizin içine fırlatmış.

Dalgalar büyük bir gürültüyle Sedna'yı alıp denizin dibine çekmişler. Sonra da azgın deniz dümdüz olmuş. Parlak yaz güneşi sakin denizin üstünde parlamaya başlamış. Zavallı baba bitkin ve üzgün olarak küreklere sarılıp evinin önüne varmış. Gece de bastırmaya başlamış. Buz ülkesinde olduğu gibi çok soğuk, rutubetli, ama sakin bir geceymiş. Çok üşüyen baba bir ayı derisine sarılıp, çadırında bağlı duran köpeğinin yanına gitmiş.

Babayla köpeği uyuyadursun, sakin deniz birden azıp öyle bir fırtına çıkarmış ki, dalgalar Sedna'nın babasının çadırına kadar gelerek çadırı, babayı ve köpeğini hep birlikte denize sürüklemişler. Denizin dibine inince baba bakmış ki, kızı Sedna karşısında bir kraliçe olarak duruyor... Denizde kaybolanların ruhlarının kraliçesi...

Babasını gören Sedna onu affedip, çadırı, kendisi ve köpeği için deniz dibindeki ülkesinde ona bir yer vermiş. Artık kendisi bir hayalet olan Sedna, hayalet avcıdan da korkmaz olmuş.

Böylece deniz ruhlarının Kral ve Kraliçesi olarak derin denizin dibinde mutlu bir hayat sürmüşler.

ESTONYA

SİHİRLİ YÜZÜK

Çok eski zamanlarda uzak kuzey ülkelerinden bir ejderha çıkagelmiş. Bu ejderha geçtiği ülkelerde ne kadar hayvan, kadın, erkek varsa hepsini yiyip bitirir, orayı kuruturmuş. Gövdesi koca bir öküz, bacakları kurbağa, yirmi metre uzunluğundaki kuyruğu da yılan gibiymiş. Yürürken kurbağa gibi sıçrar, her sıçrayışta yarım mil öteye gidermiş. Ama bu ejder öyle her zaman dolaşmazmış, daha çok oturur, oturduğu yerden birkaç yıl kalkmazmış. Ancak orada yiyecek bir şey bulamazsa başka bir yere gidermiş. Yiyecek aramak için de yerinden kımıldamaz, ne isterse ağzının içinde bulurmuş. Çünkü bir defa gözünün içine bakan her canlıyı istediği zaman çenelerinin arasına getirirmiş.

Bu ejderi kimse öldüremezmiş. Çünkü vücudu demir ve taştan kalın bir kabukla kaplı imiş. Ejder yanmazmış da. Bir keresinde içinde oturduğu orman dört taraftan yandığı halde ejder hiç kıpırdamadan durmuş, gözleri parıl parıl parlayarak etrafını seyretmiş.

Ejder hangi ülkeye gitse, o ülkenin Kralı korkudan bu ejderi öldürene kızını ve ülkesinin yarısını vaat edermiş. Hevesli birçok genç ve Prens şansını dener, ama hepsi de sonunda ejdere güzel bir yemek olurlarmış.

Sonunda komşu ülkelerin bütün bilginleri toplanmışlar. «Hepimizin sonu yaklaştı, çünkü kimse Kral Solomon'un yüzüğü olmadan bu ejderi öldüremez. Bu yüzük de asırlardan beri kayıp olduğuna göre, hepimiz bu ejdere yem olacağız,» demişler.

Kimse yüzüğün nerede olduğunu bilmediği için aramaya bile çıkmamış. Günün birinde bir genç çıkagelmiş. Hem çok cesaretli, hem de iyi kalpli biriymiş. En çok akıl bulunan ülke olan doğuya gidip Solomon'un yüzüğünü aramaya karar vermiş.

Böylece genç adam yola çıkmış ve doğuya doğru ilerlemeye başlamış. İlerlerken çok ünlü bir sihirbazın evine rast gelmiş. Sihirbaza ne aramaya çıktığını anlatmış. Sihirbaz onu o kadar çok sevmiş ki, ararken yardımı olur diye ona kuşların dilini öğretmiş.

Sihirbazın bu iyiliğine çok memnun olan genç adam, «Sana şimdi verecek bir şeyim yok,» demiş. «Ama eğer kuzeyin ejderini öldürürsem bu yardımım için sana bol para veririm.»

«Oğlum ben senden para almam,» demiş sihirbaz. «Ama yüzüğü bulursan onu doğru bana getir. Benim yardımım olmadan yüzüğün sırrını öğrenemezsin.»

Genç adam neşe içinde tekrar yola koyulmuş. Bundan sonra da yolculuğunda hiç sıkılmamış. Yolda giderken kuşları dinler, onlardan daha önce hiç bilmediği ilginç şeyler öğrenirmiş.

Böylece günler, aylar geçmiş, ama genç adam yüzüğün bulunduğu yer hakkında en ufak bir bilgi edinmemiş. Sonunda ümitsizliğe düşmeye başlamış.

Bir akşam yorgun ve üzgün, bir ağacın altında oturup yemeğini yerken, ağacın üstünde iki kuşun neşeli neşeli konuştuğunu duymuş. Söylediklerini genç adamın anladığından habersiz, «Şu ağacın altında oturan aptalı görüyor musun?» demiş kuşun biri. «Ben onun ne aradığını biliyorum. Kral Solomon'un yüzüğünü arıyor.» İkinci kuş, «Bu adam o yüzüğü dünyada bulamaz. Ona yalnız büyücü kız yardım edebilir. Eğer yüzük onda değilse bile, nerede olduğunu ancak o bilir,» demiş.

Birinci kuş, «Büyücü kızı da hiçbir zaman bulamaz. O belli bir yerde durmaz, her zaman dolaşır. Rüzgâr bile büyücü kızdan daha kolay yakalanır...» diye karşılık vermiş. İkinci kuş, «Söylediğin doğru,» demiş. «Ben bile şimdi onun nerede olduğunu bilmiyorum. Ama üç gece sonra nerede olacağını biliyorum. Üç gece sonra sihirli göle gelip yüzünü yıkayacak, zaten her ayın on dördünde mutlaka oraya gelip yüzünü yıkar. Çünkü sihirli suyla yüzünü yıkayınca yüzü hiç buruşmaz, hiç de ihtiyarlamazmış.»

Birinci kuş, «Bak ben bunu hiç bilmiyordum. Sihirli göl buradan uzak değil. Üç gün sonra oraya gidip büyücü kızın bu işi nasıl yaptığını seyredelim,» demiş.

«Çok eğlenceli bir iş, gideriz,» diyen ikinci kuş, az sonra başını kanatlarının arasına sokup uykuya dalmış.

Genç adam bu rastlantıya çok sevinmiş. Ama kendisi uyurken kuşlar giderse ya da çok hızlı giderler de onları gözden kaçırırsa diye korkmuş. Ertesi sabah erkenden uyanıp gözünü kuşlardan ayırmamış. Ama kuşlar o gün hiç uçmamışlar. Ancak üçüncü gün ağaçlarını bırakıp uzaklara uçmuşlar. Genç adam onları gözden kaçırmamış, belli etmeden peşlerinden gitmiş.

Güneş batmadan kuşlar bir ormanın ortasındaki acayip bir gölün kenarına gelmişler ve bir ağacın dalına yerleşmişler. Genç adam da ağacın dibine oturmuş, yemeği yedikten sonra uzanıp bir güzel uyku taklidi yapmış. Kuşlar konuşmaya başlamışlar.

Birinci kuş, «Daha güneş batmadı bile. Büyücü kız ay çıkmadan gelmez. Ne dersin, kız acaba bu aptal adamı görür mü?» demiş.

İkinci kuş, «O kız her şeyi görür. Bu genç adamı aptal da olsa, ele geçirmek isteyecektir. Bu adamın onun pençesinden kurtulacak kadar aklı olduğunu pek sanmıyorum. Eğer aklı varsa ona âşık olmuş gibi yapıp götürdüğü yere gider. Dikkatli olur, kanından bir damla bile kıza vermezse kız ona bir kötülük yapamaz. Ama aptallık eder, bir damla kanını kıza kaptırırsa ruhu kötü ruhların emrine girer,» demiş.

Birinci kuş, «Peki, ama cadı kız bu kadar kötü mü?» diye sormuş.

«Ondan daha kötüsü olamaz. Ama görünüşte dünya güzeli kadar güzeldir.»

Genç adam kuşları dinleyip hem eğlenir, hem ümitlenirken gece olmuş. Ay karanlık ormanın üstüne yükselince, hafif bir ayak sesi duyulmuş ve karanlığın içinden güzel bir kız çıkmış. Genç adam bir bakmış, bir daha da gözünü kızdan ayıramamış. Kız öyle güzel, öyle sevimliymiş ki, genç adam hayatında bu kadar güzel bir kız görmemiş.

Güzel kız genç adamı görmezden gelerek sihirli göle girmiş. Başını kaldırıp aya baktıktan sonra göle eğilip yüzünü dokuz defa bu suyla yıkamış, sonra yine aya bakıp dokuz defa gölün etrafında şarkı söyleyerek dolaşmış.

Gökte parlayan sevgili ay,
Güzelliğimi hiçbir zaman bozma,
Sen gözden kaybolsan da,
Benim yüzümün parlaklığını bozma.
Her zaman bir genç kız kalayım,
Genç, taze ve sevimli olayım.

İşini bitiren kız yüzünü uzun altın saçlarıyla kurulayıp genç adama dönmüş. En güzel gülüşüyle genç adama bakıp, «Herhalde beni gözetlediğin için seni cezalandırmalıyım. Ama ben seni cezalandırmayıp evime götüreceğim. Orada ıslak otların üzerinde, başının altında bir yastık bile olmadan yatmana üzüldüm doğrusu,» demiş.

Böylece genç adamla büyücü kız güzel, büyük bir bahçesi olan bir saraya gitmişler. Genç adam orada birkaç gün kızla kalmış, altın kaplar içinde en güzel yemekleri yemiş, geceleri de ipek çarşaflar üzerinde yatmış.

Bir gün sihirbaz kız, «Sevgili Prensim, görür görmez sana âşık oldum. Gel seninle evlenelim. Ondan sonra sen de burada kalır, hiçbir iş yapmadan her dilediğini elde edersin,» demiş. Bunları duyan genç adam korkmuş, ama bir şey belli etmeden, «Güzel Prenses, söylediklerin kalbimi sevinçle doldurdu, ama yine de korkuyorum. Bu kadar mutluluk ve görkeme alışkın değilim. Bana birkaç gün izin ver,» demiş.

«Nasıl istersen,» demiş kız, «Gel seni şimdi en değerli hazineme götüreyim.» Genç adamı alıp gizli bir odaya götürmüş. Gümüş bir masa üzerinde duran küçük bir kutuyu göstererek. «Şu gördüğün kutuda Kral Solomon'un yüzüğü saklı. Evliliğimizi küçük parmağından bana vereceğin üç damla kanla mühürledikten sonra onu sana düğün armağanı olarak vereceğim,» demiş.

Bu sözleri duyan delikanlı korkusundan titremiş, ama kıza hiçbir şey belli etmeden bu yüzüğün sırrını sormuş. Kız da ona, «Yaşayan hiç kimse bu yüzüğün bütün sırrını bilemez,» demiş. «Ben bile yüzüğün üzerindeki bütün yazıları okuyamıyorum. Ama okuyabildiğim kadarıyla mucizeler yaratıyorum. Yüzüğü sol elimin küçük parmağına takarsam kuş gibi havada uçabilirim. Sol elimin orta parmağına takarsam ne ateş, ne en keskin kılıç bana zarar verir. Sol elimin işaret parmağına takarsam istediğim her şeyi yapabilirim, örneğin bu evi, içindeki eşyaları istediğim şeye dönüştürebilirim. Yüzüğü sol elimin başparmağına takınca da elim öyle güçlü olur ki, kolaylıkla kayaları ve dağları parçalarım.»

«Doğrusunu istersen bu yüzüğün bu kadar çok şey yapabileceğine ben inanmam,» demiş genç adam.

«İnanmaz mısın!» diye bağıran genç kız, «Öyleyse benimle gel de yüzüğün sihirini sana göstereyim,» diyerek kutuyu açıp içinden yüzüğünü çıkarmış. Altın yüzük öyle güzel, öyle parlakmış ki, güneş ışığı gibi göz kamaştırıyormuş. Kız yüzüğü parmağına takmış, genç adama kılıcını çekip kendisine saplamasını emretmiş.

Bu işten korkan genç adam kıza önce şakadan, hafifçe dokunmuş. Kız hiç aldırmamış. Bunun üzerine her seferinde daha hızlı vurmaya başlamış. Ama her vuruşta keskin kılıç sanki karşısında taş bir duvar varmış gibi eğilip geri sıçrıyormuş. Kız şaşırıp kalan genç adamı alıp bahçeye götürmüş. O sırada yüzüğü üçüncü parmağına takınca kız yok olmuş. Genç adam kızın sesini işitiyor, etrafında neşeyle dans ettiğini duyuyormuş, ama onu göremiyormuş. Sonunda göze görünen kız, «Şimdi yüzüğün sihirine inandın mı?» diye sormuş.

«Doğrusu inandım, yüzük senin parmağındayken her şeyi yapabiliyorsun. Ama sihir yüzükte değil, sende. Benim gibi sıradan bir adam bu yüzüğü parmağına taksa, yüzüğün sihri hiç işe yaramaz.»

Bunun üzerine kız yüzüğü ona verip, «Bir dene bakalım,» demiş. Genç adam da yüzüğü alıp başparmağına takmış. Karşısındaki kayalara eliyle vurunca, kayalar paramparça olmuş. «Şaşılacak şey doğrusu,» demiş. «Çok merak ettim, anlattığın öbür sihirli işleri de benim parmağımdayken yapabilir mi acaba?» Kız yine, «Bir dene bakalım,» demiş. Genç adam yüzüğü orta parmağına takınca, karşısında hiçbir kılıcın işlemeyeceği, göze görünmeyen bir duvar oluşmuş.

«Bir parmağımda daha denersem artık hiç şüphem kalmayacak,» diyen genç adam yüzüğü üçüncü parmağına takınca göze görünmez olmuş.

«İşte gördün mü?» demiş büyücü kız. «Yüzük parmağındayken seni göremiyorum. Yüzüğü çıkarıncaya kadar da göremeyeceğim.»

Zaten genç adamın da artık ne yüzüğü çıkarmaya, ne de görünmeye niyeti varmış. Göze görünmeyen haliyle bahçenin öbür köşesine gitmiş, orada yüzüğü küçük parmağına takınca kuş olup uçmaya başlamış.

Bunu gören kız arkasından bağırmış. «Sevgilim, söylediklerimin doğru olduğunu gördün. Aşağı gelip bana kanının üç damlasını ver de bu sihirli yüzük her zaman senin olsun.»

Ama kızın bütün yalvarmaları boşa gitmiş. Genç adam geri dönmemiş, Uzaklaştıkça uzaklaşmış.

Aldatıldığını anlayan sihirbaz kız bu sefer cıyak cıyak bağırmaya başlamış, ama genç adam ona kuşların dilini öğreten sihirbaza varmış bile.

Sihirbaz genci görünce çok sevinmiş. Onu evine almış, Kral Solomon'un yüzüğünü de uzun uzun inceleyip bütün sırrını çözmüş. Böylece ejderi yenmesi için ne yapması gerektiğini genç adama anlatmış. Sonra da, «Şimdilik sana iyi yolculuklar dilerim,» demiş. «Kuzeye git ve ejderi yok et. Bana hiçbir şey borçlu değilsin. Benim bu yüzükten öğrendiğim değerli şeyleri bana hiçbir Kral veremezdi.»

Yüzüğü küçük parmağına takan genç uçup gitmiş. Az sonra Kralın karşısına çıkmış. Kral ejderi öldürene kızını vereceğini oğlu olmadığı için de ölünce Krallığın damadına geçeceğini söylemiş.

Genç adam, «Eğer bana bu iş için gereken şeyleri verirseniz ejderi öldürürüm,» demiş.

«Hiç merak etme,» demiş Kral. «Ne emredersen hazır bulacaksın.»

Bunun üzerine genç adam ayaklarının altında ufak tekerlekler olan demir bir at, ağaç kadar kalın, ucu çok sivri bir mızrak, mızrağın tam ortasına bağlı yirmi metre uzunluğunda iki zincir ve zincirlerin uçlarına bağlanmak üzere iki tane çok ağır çivi yapmalarını istemiş.

Her şey hazırlanıp genç adam atın üstüne binince, bakmış at yerinden kımıldar gibi değil. Ama aldırmamış, hemen yüzüğü parmağına takmış, atı ufak bir kayığı iter gibi mızrakla yürütmeye başlamış.

Çok geçmeden ejderhaya yaklaşmış. Bakmış ejder kentin üzerine zıplamaya hazırlanıyor. Bu korkunç manzara karşısında genç adam korkudan titremeye başlamış. Ejder onu görünce durup ağzını açmış ve gözlerini genç adama dikmiş.

Gencin altındaki at birdenbire sanki ejder bir mıknatısmış gibi, ona doğru gitmeye başlamış. Ejderin ağzına yaklaştıkça hızlanmış. At tam ejderin dişlerine değince, genç adam mızrağın bir ucunu ejderin alt çenesinin tam ortasından geçirip yere saplamış. Ejderin üst çenesi kapanırken de attan atlayıp zincirin bir ucunu almış. Kocaman çivlyl yere mıhlamış. O sırada da gökgürültüsünü andıran bir sesle ejderin üst çenesi mızrağın öbür ucuna saplanmış. Genç koşup zincirin öbür ucuna gelmiş. Oradaki kalın çiviyi de yere sıkıca mıhlamış.

Böylece tuzağa düşen ejder, üç gün üç gece kuyruğunu yere vurup bütün ülkeyi zelzele olur gibi sarsmış. Ama kendini kurtaramamış. Kocaman demir at boğazına kadar girdiği için de hiçbir şey yiyememiş.

Bu sırada genç adam parmağındaki yüzük sayesinde, yirmi adamın zor kaldıracağı bir kayayı tuttuğu gibi ejderin kafasına vurmaya başlamış. Bu kadar şiddetli vuruşlara ejder bile dayanamayıp çok geçmeden ölmüş.

Bunu duyan bütün ülke bayram yapmış. Genç adam da büyük bir sevinçle içinde olan Prensesle evlenmiş.

Aylar, yıllar geçtikten sonra ülkenin Kralı ve Kraliçesi olup ömür boyu mutlu yaşamışlar.

FİNLANDİYA

AÇ HAYVANLAR

Bir zamanlar orman kenarında küçük bir kulübede yaşayan ihtiyar bir adam varmış. Kulübesinde çok mutlu yaşayan bu ihtiyarın tek bir derdi varmış; her gece bir yaban kedisi tavuk kümesine giriyor, bir tavuğunu çalıyormuş. İhtiyar her gün kümesi tamir ediyor, kapanlar kuruyormuş, ama nafile. Ertesi gece yaban kedisi gelip yine bir tavuk çalıyormuş.

Sonunda ihtiyar adam bu tavuk hırsızıyla başa çıkamayacağını anlamış. Uğraşmaktan vazgeçip keyfince yaşamaya başlamış. Sonra da günü gelince ihtiyar adamcağız ölmüş.

O akşam yaban kedisi yine tavuk aşırmaya bahçeye gelmiş. Yerde adamın ölüsünü görünce, «Büyük bir şans. Bunda tavuktan çok daha fazla et var!» deyip keyifle ağzını şapırdatıp pençelerini ovuşturmuş. «Bu adamı evime götürüp kilere koyayım, sonra da yavaş yavaş yerim!»

Böylece adamın ölüsünü kızağa yerleştirip evine doğru çekmeye başlamış. Ama adam çok ağır, kedi ise küçükmüş. Adamı götürmekte zorluk çekiyormuş.

Çok geçmeden bir sincaba rastlamış. «Merhaba küçük kardeş,» demiş sincaba. «Şu kızağı çekmekte bana yardım edersen, kilerime varınca bu adamın butundan güzel bir parça alır kışın ocakta kızartıp keyfine bakarsın.»

Sincap razı olmuş ve ikisi birlikte kızağı çekmeye başlamışlar. Ama yine de bu işi pek yavaş yapabiliyorlarmış. Bakmışlar öteden bir yaban tavşanı geçiyor. Yaban kedisi hemen seslenmiş. «Merhaba, kardeş! Gelip bize yardım edersen sen de payına düşeni alırsın.» Bunu duyan tavşan da gelmiş, üçü beraber kızağı çekmeye koyulmuşlar. Koyulmuşlar, fakat yine de bu çok zor işmiş. Bu yüzden az sonra bir tilkiyle bir kurda rastlayınca çok sevinmişler. Ama çok geçmeden bir ayı da aralarına girince, artık pek sevinemez olmuşlar. Ne yapalım deyip yollarına devam etmişler, hepsi de birbirine dostluk sözü vermiş. Derken yemek vakti gelmiş, bakmışlar, kızakta et kalmamış. Ama hepsi de birbirinden açmış. Nasıl yiyecek buluruz, diye düşünmeye başlamışlar. İçlerinde en açı olan ayı kardeş, «Arkadaşlarım, yapabileceğimiz yalnız bir şey var. Oturup birbirimizi yiyelim. Bu işe de içimizde en küçük olanla başlayalım, diyerek sincabı yakalamak için pençesini uzatmış. Ama sincap hemen bir ağacın üstüne sıçramış. Bunun üzerine yaban kedisi sıranın kendisine geldiğini anlayıp kayaların içinde bir kovuğa girip saklanmış. Sıranın kendisinde olduğunu gören geyik de bir sıçrayışta gözden kaybolmuş. «Eh tilki kardeş,» demiş ayı. «İçimizden üçü bize oyun oynadığına göre, sanırım şimdi senin sıran geldi, seni yiyeceğiz!»

«Mükemmel bir fikir!» demiş tilki. «Kendimizi size ikram etmek bir şereftir. Ama güzel bir akşam yemeğini bu karanlık ormanda yemek yazık olur. Gelin, dağın tepesine gidelim. Sizin beni bir kızakla o kayalara çekmeniz çok yorucu olacağına göre, oraya kadar sizinle beraber yürüyerek giderim.»

Böylece ayı önde, hep birlikte yola düzülmüşler. Giderken Tilki Michael, Kurt Peter'e dönüp sormuş. «Söyle bakalım Peter, baba ayıyla birlikte beni yedikten sonra, yine acıkacak mısın? O zaman ne yiyeceksiniz?»

Bu soru kurdu epeyce düşündürmüş. Tilkiyi yiyince anlaşmalarına göre sıra kendisine gelecekmiş. Ayıya seslenmiş. «Hey! Baba ayı, ben bu işi çok düşündüm. Birbirimizi yiyeceğimize, üçümüz beraber olup ormanda kendimize yiyecek bulalım. Bulduğumuzu da paylaşalım.»

Tilki hemen atılmış. «Mükemmel bir fikir, sen ne kadar akıllısın, kurt kardeş.» Bir fikir ayının hiç hoşuna gitmemiş. Ama bakmış ki, kendisi ikiye karşı bir kalıyor, mecbur olmuş peki demeye.

Birkaç gün her şey yolunda gitmiş. Ormanda yiyecek bulup paylaşmışlar. Sonunda ormanda yiyecek kalmamış, sıranın kendisine geldiğini anlayan tilki de oradan kaçmış.

Uzaklara gidip, ince dalları olan büyük bir ağacın karşısına oturmuş. Ağacın ince dalları üzerinde, içinde altı yavru olan bir saksağan yuvası varmış. Tilki gözünü ayırmadan ağaca bakmaya başlamış.

Tilkinin bu halini görüp meraklanan saksağan aşağıya seslenmiş. «Hey! Tilki efendi, bu kadar dikkatle nereye bakıyorsun?»

Kurnaz tilki cevap vermiş. «Kışın kar yağınca bir çift kar ayakkabısına ihtiyacım olacak. Baktım bu ağacın odunu ayakkabı yapmaya çok uygun, onun için ağacı kesmeye karar verdim.»

Saksağan, «Olmaz! Olmaz!» diye bağırmış. «Yalvarırım bu ağacı kesme, yukarıda küçücük yavrularım var. Onlar daha çok zayıf, uçup başka yere gidemezler.»

Kurnaz tilki, «Doğrusu sana kötü davranmak istemem, ama kar ayakkabısı için de bu ağaç kadar uygununu bulmak zor. Neyse, yalvarmana dayanamadım. Ağacı kesmeyeceğim. Bu iyiliğime karşı bari şu yavrularından birini at da karnımı doyurayım.»

Saksağan çok üzülmüş, fakat yine de tilkinin söylediğini yapmış. Tilki de yemeğini alıp sevinçle uzaklaşmış.

Aradan birkaç gün geçince saksağanın üzüntüsü azalmış. Daha sonra da akıllıca davrandığı için kendini kutlamaya başlamış. Bir yavrumu tilkiye vermekle öbür yavrularımı da kurtardım. Benden başka hiçbir kuş bu kadar akıllı olamaz, diye düşünüp böbürlenmiş.

Ama birkaç gün geçip de tilkiyi yine karşısında, ağaca bakıp düşünür görünce saksağanın keyfi kaçmış. Bekleyememiş, tilkiye sormuş. «Tilki efendi, orada ne yapıyorsun?»

«Kar ayakkabılarım için ağacı nasıl keseceğimi düşünüyorum.»

«Ama bu iş için başka bir ağaç bulacağına söz vermiştin,» demiş saksağan.

«Öyle, öyle!.. Söz verdiğimi biliyorum, ama bütün ormanı dolaştım, bundan uygun bir ağaç bulamadım. Kar ayakkabısı olmadan yapamam. Ama yine de senin hatırın için bu kış ayakkabısız kalıp, açlığa razı olacağım. Eh, sanırım benim bu iyiliğimi sen de karşılıksız bırakmaz, karnımı doyurmak için bana bir yavru atarsın.»

Saksağan bakmış çare yok, bir yavru daha atmış aşağıya. Tilki de yavruyu alıp keyifle gitmiş. Zavallı saksağan yuvasının kenarında oturup ağlamaya başlamış.

Oradan geçen karga saksağanın ağladığını görünce hemen yanına koşmuş.

«Saksağan komşu, ne derdin var, niye ağlıyorsun? Aaa! Yavrularının ikisi nerede?» diye sormuş.

«Başıma gelenleri sorma, komşu!» demiş saksağan. «Tilki iki defa buraya ağacı kesmeye geldi, kar ayakkabısı yapacakmış. Ben de yuvamı kurtarmak için ona her seferinde bir yavrumu vermek zorunda kaldım.»

«Ah sen de ne kadar odun kafalısın, komşu. Tilki seni kandırmış. Onun ağaç kesecek ne baltası, ne de çakısı var. Hem tilki kışın kar ayakkabısı giymez ki,» diyen karga uçup gitmiş.

Zavallı saksağan tilkinin oyununa geldiği için öyle utanmış ki, kafasını tüylerinin içine saklayıp kendi kendine söylenip durmuş. Ertesi sabah aç tilki yine ağaca bakmaya başlamış. Saksağan ona hiçbir şey vermeyeceğini, çünkü ne baltası, ne de çakısı olduğunu ve artık ondan korkmayacağını söylemiş.

Bunları duyan kurnaz tilki, «Sana biri akıl öğretmiş. İşte şimdi o bana iyi bir sabah kahvaltısı olacak,» diyerek gitmiş. Başını kırılmış gibi bir tarafa sarkıtıp yolun üzerine yatmış.

Çok geçmeden kendine yiyecek arayan karga yavaş yavaş yaklaşıp, tilkinin üstünde uçmaya başlamış.

«Oh! Oh! Aman ne güzel, ölü bir tilki! İşte bana birkaç gün yetecek yiyecek...» diyerek gelip tilkinin üzerine konmuş. Ama gagasını uzatırken, tilki pençesiyle kargayı kanadından yakalıyıvermiş.

«Tilki kardeş!» demiş karga. «Beni yakaladın, çok geçmeden de yiyeceksin. Bari bu işi öyle yap ki, senin benden ne kadar akıllı olduğunu herkes anlasın. Beni şu uçurumdan aşağaya atarsan, kayalara çarparak ölürüm, tüylerim de her tarafa yayılır. Böylece her geçen senin akıllılığını görüp anlar.»

Bu fikir kendini beğenmiş tilkinin çok hoşuna gitmiş. Onu atayım, sonra aşağıya koşar, orada yerim, diye düşünmüş ve uçurumun kenarına gidip kargayı bütün kuvvetiyle aşağı fırlatmış.

Karga tilkinin elinden kurtulur kurtulmaz uçup gülmeye başlamış, «Ah, tilki efendi,» demiş. «Çok iyi yakalıyorsun, ama elinde tutamıyorsun. Şimdi gidip ormandaki dostlarına senin bu kötü oyununu anlatayım.»

Tilki kuyruğunu bacaklarının arasına alıp kös kös gitmiş. Giderken de, bundan sonra aç karnını nasıl doyuracağını düşünmüş hep.

Çok geçmeden bakmış. karşıdan eski dostu ayı geliyor. Ayı hem yürüyor, hem de başı ellerinin arasında ağlayıp duruyormuş.

«Dostum, bu halin ne, derdin ne?» diye sormuş tilki.

«Ah sorma, az önce karım öldü, oturup uygun şekilde ağlayıp bağıracak birini arıyorum. Ama kimseyi bulamadım. kurdu çağırdım, ama hoh hoh hoh diye öyle bir patırtı etti ki, ben bile dayanamadım. Onu yollayıp yaban tavşanı çağırdım. O da öyle mızmız ki, puf puf puf diye öyle hafif sesler çıkardı ki, ancak rüzgâr eserken işitebiliyordum. Baktım olmayacak, onu da geri gönderdim. Şimdi ben ne yapacağım? Zavallı karım öyle soylu bir hayvandı ki. Ama şimdi ölüsünün başına yas tutacak bir kimse yok.»

«Sevgili arkadaşım,» diyen tilki ağlamaya başlamış. «Ben tam senin aradığın kimseyim, nasıl ağladığımı dinle bak. Lou! Lou! Lou!.. Şanlı dişi ayı öldü! Dişi ayıların en iyi kalpli, mağara bekçilerinin en iyisi, ballı keklerin en ustası dişi ayı öldü... Lou! Lou! Lou!...»

«Mükemmel, çok mükemmel!» diye ayı bağırmış. «Şimdi benimle karımın ölüsünün olduğu yere gel. Sen onun için ağlarken, ben de sana güzel bir et suyu hazırlayayım.»

Böylece ayı tilkiyi ölü karısının yanına kitleyip mutfakta işe koyulmuş. Bir zaman sonra tilkiden hiç acı ses gelmediğini farkeden ayı seslenmiş.

«Michael arkadaş, niye bağırıp yakınmıyorsun? Orada ne yapıyorsun?»

«Yıllardır elime geçen en güzel yemeği bitirmekle meşgulüm,» demiş tilki. «Bir bacak kaldı, onu da yiyince işim tamam.»

Bunun üzerine çok hiddetlenen ayı, çorbanın içindeki kızgın kepçeyi yakaladığı gibi doğru suçluyu cezalandırmaya koşmuş. Ama onun geleceğini bilen kurnaz tilki, ayaklarının arasından sıyrılıp ormana kaçmış.

Suçlunun kaçtığını gören ayı kızgın kepçeyi tilkinin arkasından fırlatmış, kepçe Michael'in kuyruğunun ucuna gelmiş. İşte o gün bugündür, tilkilerin kuyruklarının ucu beyaz olurmuş.

FRANSIZ

ÇİZMELİ KEDİ

Bir zamanlar bir değirmenci varmış. Bu değirmencinin de üç oğlu varmış. Öleceğine yakın bir de bakmış ki, değirmeninden, eşeğinden ve kedisinden başka oğullarına bırakacak bir şeyi yok... Böylece değirmenini en büyük oğluna, eşeği ortanca oğluna, kedisini de küçük oğluna bırakmış.

«Ben ne yapacağım?» diyerek küçük oğlan ağlamaya başlamış. «Ağabeylerime iyi şeyler verildi. Değirmen ve eşekle para kazanabilirler. Ama ben kedimi öldürüp derisinden eldiven yapmak için sattıktan sonra aç kalmaktan başka ne yapabilirim, açlıktan ölürüm...» demiş.

Onun sözlerini dinleyen kedi, «Sevgili sahibim, derimi satmaktan daha iyi bir iş yapabilirsin. Hiç soru sormadan söylediklerimi yaparsan, seni zengin edeceğime inanıyorum,» demiş.

Genç adam kedisinin böyle güzel ve iyi sözler söylemesine çok sevinmiş, onun her dediğini yapmayı kabul etmiş.

Kedi, «Peki,» demiş. «Bana sağlam bir çift çizmeyle bir torba verirsen her iş yoluna girecek...»

Değirmencinin oğlu hiç zorluk çekmeden bunları bulmuş. Pisi çizmelerini giymiş, tam da ona göreymiş, torbayı da sırtına aldığı gibi, yakındaki büyük tavşan yuvasına doğru yola çıkmış. Burada sürülerle tavşan yaşarmış. En büyük tavşan yuvasının kenarında durup, sanki boynunu kırmış gibi başını bir yana eğmiş. Ama önce torbayı ağzı açık olarak yanına koymuş.

Çok geçmeden güzel bir tavşan gelip, ölü kediyi görmüş, kedinin çuvala koyduğu havuç ve lahanaları yemek için çuvalın içine girmiş.

Kedi hemen ayağa kalkmış, torbanın ağzının ipliklerini sıkmış ve böylece tavşanı yakalamış.

O akşam pisi sarayın kapısına gitmiş, Kralı görmeyi dilemiş. Pisinin bu cesaretine şaşıran nöbetçi onu içeri sokmuş. Kedi ve Kralın ayaklarının önüne tavşanı salarak, «Kralım, Karabaş Kontundan size bir armağan getirdim,» demiş.

Bundan çok hoşlanan Kral, her geldiğinde kedinin içeri alınması için emir vermiş.

Böylece kedi her gün Kralın bahçesinde oynamaya başlamış. Her gece de Krala gidip Karabaş Kontundan diye ya tombul bir sülün ya da bir keklik hediye edermiş. Çoğu zaman da saraydan hediyesiz ayrılmaz, aldıklarını değirmencinin oğluna götürürmüş.

Bir gün heyecan içinde gelip, «Aman efendim,» diye miyavlamış. «Yarın bütün dediklerimi yaparsan zengin olacaksın. Nehre inip orada bir güzel yıkan, işin ötesini de bana bırak. Kralla biricik kızı Prenses öğleyin oradan geçecekler. Onlar oraya vardığında sen suda olmalısın. Ötesini bana bırak, ama ne olursa olsun sakın şaşırma...»

Ertesi gün kedinin istediği gibi değirmencinin oğlu nehre gidip elbisesini çıkarmış ve suya girmiş.

Pisi hemen elbiselerini alıp bir yere gizlenmiş, sonra da bir kayanın arkasına saklanıp Kralın arabasının geçmesini beklemiş. Kralın arabasını görünce hemen yerinden fırlamış, yola koşup bağıra bağıra miyavlayarak, «İmdat, imdat, Karabaş Lordu, benim Lordum suda boğuluyor!» demiş.

Kendisine hep hediyeler getiren çizmeli kediyi gören Kral, hemen nehrin kenarına gitmeleri için adamlarına emir vermiş.

«Aman, aman!» diye pisi bağırmış. «Kötü hırsızlar Karabaş Lordunu yakalayıp her şeyini çaldılar, elbiselerini bile alıp çıplak suya attılar.»

Hizmetkârlar hemen genç adamı sudan çekmişler, uşağın biri de saraya asillerin elbiselerinden getirmeye koşmuş. Pisi sahibini Krala, Karabaş Lodu diye tanıtınca, Kral gencin soylu görünüşünü öyle beğenmiş ki, hemen onu arabasına çağırmış, kendisine ve kızına eşlik etmesini söylemiş.

«İyi insanlar,» demiş. «Kral bu tarafa doğru geliyor. mutlaka durup bu güzel tarlaların kime ait olduğunu soracaktır. Bu toprakların Karabaş Lorduna ait olduğunu söylemezseniz, hepinizi parça parça et gibi doğrarım...»

Az sonra Kral bu güzel tarlaları seyretmek için durmuş ve köylülere bunların kime ait olduğunu sormuş. Onlar da, «Karabaş Lorduna aittir,» demişler.

Kral, Lorduna dönüp, «Ne güzel topraklarınız var,» demiş genç adam da gülüp başını eğmiş.

Bu sırada kedi çok güzel bir mısır tarlasına gelmiş. Köylüler mısırı kesiyor, kocaman tepeler yapıyorlarmış. Pisi, «İyi günler,» diyerek söze başlamış. «Kral bu tarafa doğru geliyor. Mutlaka durup bu güzel mısır tarlasının kime ait olduğunu soracaktır. Lord Karabaşa ait olduğunu söylemezseniz, hepinizi et gibi doğrarım,» demiş ve yoluna devam etmiş. Kral buraya varınca mısırları çok beğenip, kime ait olduğunu sormuş. Köylüler de, «Karabaş Lordumuzun,» demişler. Kral da yakışıklı konuğuna hayranlıkla bakarak, «Çok güzel bir tarlanız var,» demiş.

Bu arada pisi, Ogre'nin oturduğu büyük saraya gelmiş. Bu adam bütün bu toprakların asıl sahibiymiş. Çok açgözlü ve kötü bir adammış, hizmetkârları da ondan çok korkarlarmış. En ufak bir hatalarını bulunca, Ogre onları kesip akşam yemeğinde yermiş. Kimse de onunla dövüşmeye cesaret edemezmiş. Çünkü bu adamın istediği anda, istediği hayvan olma gücü varmış. Dünyanın en kuvvetli adamı bile, kükreyen bir aslana karşı gelmeye cesaret edemezmiş tabii.

Saraya gelen kedi köprüden geçip nöbetçilere keskin dişlerini göstermiş ve doğru Ogre'nin oturduğu salona gitmiş.

«Hey» demiş Ogre. «Bu saraya girmeye nasıl cesaret ediyorsun?» Kedi, «Lordum, asil Lordum,» diyerek miyavlamış ve yere kadar eğilmiş. «Ben zavallı bir yolcuyum. Dünyanın güzelliklerini görmek için yola çıktım. Küçük yaştan beri sizin hakkınızda pek çok şey duydum. Bir dakikada istediği hayvana dönüşme gücü varmış sizde. Gerçekten doğru mu? Bir türlü inanamıyorum!»

Bunun üzerine Ogre, «İnanmıyor musun? Sana göstereyim,» diyerek kükremiş. Ve bir dakika sonra odada kocaman bir aslan belirmiş. Kedi de korkusundan dama kaçmış.

Biraz sonra güç bela damdan inmiş. Çünkü çizmelerle yürümek pek kolay olmuyormuş. Ogre'yi yine eski halinde, odada bulmuş. «Şerefli efendim. Kuvvetiniz hakkında şüpheye düştüğüm için beni affedin. Sandığımdan daha da güçlüymüşsünüz, fakat beni bağışlayın, hâlâ bir şüphem var. Sizin gibi kuvvetli biri bir aslana dönüşebilir, ama ufacık, pısırık bir fare olabileceğini sanmıyorum,» demiş. Ogre yine kükremiş ve bir dakika sonra yerde koşuşan bir fare oluvermiş. Kedi durur mu, hemen en büyük marifetini göstermiş, sırtını gerip farenin üstüne atlamış, bu da Ogre'nin sonu olmuş.

Sonra kedi, Ogre'nin bütün adamlarını çağırıp, «Kötü kalpli efendinizi öldürdüm. Size iyi davranacak bir efendi geliyor. Bütün yapacağınız, bu sarayın ona ait olduğunu söylemek. Bu kişi Karabaş Lordudur. Söylediğimi yapmazsanız hepinizi ufak ufak doğrayacağım,» demiş.

Böylece zaman geçmiş, akşam güneşinin tatlı ışığında Kral buraya varmış. Bir sürü güzel elbiseli uşak tarafından karşılanmış. Çizmeli kedi arabanın kapısını açıp Krala, «Karabaş Lordunun sarayına hoşgeldiniz,» demiş. Bunu duyan Kral da, «Bu da mı sizin? Doğrusu siz Kral ailesinden olmalıydınız,» demiş.

Daha sonra Krala nefis yemekler sunulmuş. Kral bir ara genç adamla kızının el ele tutuştuklarını görünce, «Damadım olarak senden başkasını istemem. Kızım razıysa düğünü hemen yapalım,» demiş.

Dünden razı olan Prensesle genç adam hemen evlenmişler, böylece değirmencinin oğlu Prens olmuş. Kral ölünce de Kral ve Kraliçe olup, akıllıca ülkelerini yönetmişler.

Çizmeli kedi ise, kedilerin başı, sarayda hatırı sayılan biri olmuş. Artık fare yakalamaya ihtiyacı kalmamış, ama canı istediği zaman yine de bu işi yaparmış.

İNGİLİZ

SAZ PALTOLU KIZ

Bir zamanlar bir doğu ülkesinde çok zengin bir asilzade yaşarmış. Bu asilzadenin iftihar ettiği üç kızı varmış. Kızlarına çok iyi ve çok cömert davranırmış, ama aslında çok bencil ve kendini beğenmiş olduğu için en hoşlandığı şey pohpohlanmakmış.

Bir gün canı yine pohpohlanmak istemiş. Üç kızını çağırmış ve en büyüğüne, «Söyle bakalım kızım, beni ne kadar çok seviyorsun?» diye sormuş.

«Sizi canım kadar seviyorum,» diye yanıt vermiş kız. «Çok güzel, tam istediğim bir cevap,» diyen adam ikinci kızına, «Söyle bakalım kızım, beni ne kadar seviyorsun?» demiş. Kız da, «Sizi dünyada her şeyden çok seviyorum,» demiş. Babası, «Güzel, bu da tam istediğim gibi bir cevap,» diyerek hepsinden çok sevdiği üçüncü kızına dönmüş. «Söyle bakayım kızım, sen beni ne kadar seviyorsun?» Babasını pohpohlamaktan hoşlanmayan ve doğruyu söyleyen üçüncü kız, «Taze et tuzu ne kadar severse, ben de sizi o kadar seviyorum,» diye cevap vermiş. Böyle bir cevabı beklemeyen, pohpohlanmaya alışık olan baba çok hiddetlenmiş. «Madem beni sevmiyorsun, bundan sonra benim evimde oturmayacaksın,» deyip kızını kovmuş, kapıyı da üzerine kapamış. Zavallı kız uzaklara doğru yürümüş. Dağlar, ormanlar geçmiş, sonunda bir bataklığa gelmiş. Saz toplayıp kendisine bir paltoyla bir takke yaptıktan sonra yine yola koyulmuş.

Birkaç gün sonra Kralın sarayına gelmiş. İçeri girip kendisine mutfakta bir iş vermelerini rica etmiş. «Bir yardımcıya ihtiyacın var mı?» demiş aşçıbaşıya. Aşçıbaşı, «Adama ihtiyacım yok,» diye cevap vermiş. Zavallı kız yalvarmış. «Gidecek yerim yok. Bana biraz yiyecekle yatacak bir yer verirseniz, istediğinz her işi yaparım.» «Peki öyleyse, tencereleri kapları yıkar, iyice ovarsın...» demiş aşçıbaşı.

Böylece kız orada kalıp mutfağın bütün pis işlerini yapmaya başlamış. Adını kimseye söylemediği için herkes ona «Saz Paltolu Kız» diyormuş.

Kısa bir süre sonra komşu asilzadelerden biri köşkünde büyük bir balo vermiş. Baloya o ülkenin ve komşu ülkelerin bütün Prensleri, asilzadeleri davetliymiş. Sarayın hizmetçilerine de işlerini bitirdikten sonra köşke gidip konukları seyretmeleri için izin verilmiş.

Saz Paltolu Kız sazlardan yaptığı bu biçimsiz paltoyla görünmekten utandığı için, her yere gidemeyecek kadar yorgun olduğunu söylemiş. Herkes gidince de dışarı çıkıp kendi kendine yürümüş. Sazları kestiği tepeye gelmiş. Orada oturup ağlamaya başlamış. Bir ara başını kaldırıp etrafa bakınca, tepenin içine açılan bir kapı, kapının önünde de elinde gümüş işlemeli bir elbiseyle onu bekleyen bir Peri kızı görmüş.

Peri kızı onun üzerindeki sazları çıkarıp gümüş elbiseyi giydirince, kız bütün prenseslerden daha güzel olmuş. «Şimdi baloya git, ama balo bitmeden buraya geri dön,» demiş Peri kızı.

Böylece kız baloya gitmiş. Kimse balonun bu güzel kızının kim olduğunu öğrenememiş. Ama Prens onunla dans etmiş ve kıza âşık olmuş.

Kız balo bitmeden usulca salondan çıkıp Peri Tepesine gitmiş. Orada gümüş elbiseleri çıkarıp saz paltosunu giymiş ve herkesten önce dönüp mutfaktaki köşesine yerleşmiş. Biraz sonra öbür hizmetçiler gelince uyur gibi yapmış. Ertesi sabah kalkınca hizmetçiler ona, «Zavallı Saz Paltolu Kız, baloya gelmemekle neler kaçırdın bilemezsin?» demişler.

«Neler kaçırdım?» diye sorunca da, «Dünyanın en güzel prensesi üzerinde gümüş elbiseyle baloya geldi. Nereden geldiğini, adının ne olduğunu kimse bilmiyordu, ama Prens bütün gece gözlerini ondan ayırmadı,» demişler.

Bunun üzerine, «Ah, keşke onu ben de görebilseydim,» demiş kız. Öbürleri de ona. «Üzülme, bu gece bir balo daha var, oraya gelirse görebilirsin,» demişler.

Akşam olup öbür hizmetçiler giderken, kız yine çok yorgun olduğunu söylemiş. Ama onlar gider gitmez, koşa koşa Peri Tepesine gitmiş. Bakmış, yine bir elbise hazır. Bu seferki elbise altındanmış.

Giyinip baloya gitmiş. Bakmış Prens orada, kendisini bekliyor. Bütün gece yalnız onunla dans eden Prens kıza artık iyice âşık olmuş. Kız yine balo bitmeden usulca çıkmış, öbür hizmetçiler gelmeden mutfağa varmış.

Ertesi sabah hizmetçiler, «Saz Paltolu Kız, bizimle gelip sihirli Prensesi görecektin. Bu sefer altın elbiselerle baloya geldi. Prens ondan ne gözlerini ayırabildi, ne de başka bir kızla dans etti,» demişler.

Kız, «Onu ben de çok görmek isterdim,» diye cevap vermiş. «Görebilirsin, çünkü bu akşam bir balo daha var. Belki ona da gelir,» demişler. Akşam olunca kız yine çok yorgun olduğunu söylemiş. Arkadaşları kızı götürmek için çok uğraşmışlar, ama götürememişler. Onlar gider gitmez Saz Paltolu Kız doğru Peri Tepesine koşmuş. Bakmış, bu seferki elbisesi bütün kuşların en güzel tüylerinden yapılmış.

Derede güzelce yıkanan kız, bu güzel elbiseyi giyip üçüncü ve son baloya gitmiş. Prens kızı görür görmez sevinçten deliye dönmüş. Gözlerini bir dakika bile kızdan ayırmamış. Bütün gece de yalnız onunla dans etmiş. Kim olduğunu ve nereden geldiğini sormuş. Ama kız ne ismini, ne de nerede oturduğunu söylemiş. Ümitsizliğe kapılan Prens kıza üstünde tuhaf şekiller olan bir yüzük vermiş. Eğer bir daha onu görmezse aşkından öleceğini söylemiş.

Saatler geçmiş, kız yine balodan herkesten önce çıkıp Peri Tepesine gitmiş. Güzel elbiseyi çıkarıp saz paltosunu giydikten sonra mutfağa gidip köşesine oturmuş. Arkadaşları gelince de yine uyur gibi yapmış.

Ertesi sabah öbür kızlar, «Yazık, dün akşam köşke gelmedin. Artık güzel prensesi hiç görmeyeceksin, çünkü dün akşamki son baloydu,» demişler.

Bu son geceden sonra güzel kızı bir daha göremeyen Prens her yerde onu aramış. Ondan haber getirene de büyük para vaat etmiş. Ama kızdan bir haber alamamış, Sonunda aşkından hastalanıp yatağa düşmüş. Kimseler derdine çare bulamamış. Zavallı Prens her gün daha kötüleşmiş. Bir lokma yemek bile yiyemez olmuş. Kral ve Kraliçe çok üzülüyorlarmış, ama ellerinden de bir şey gelmiyormuş.

Bir gün sarayın aşçısı, «Ona güzel bir lapa yapayım, belki yer. Zavallı baloda gördüğü güzel prensesin aşkından ölüyor,» demiş.

Bunu duyan Saz Paltolu Kız, «İzin ver de bu lapayı ben yapayım,» demiş. Aşçı «İmkânsız, ben yapacağım. Çok lezzetli, çok besleyici bir lapa olmalı bu,» demiş. Kız, «Ne olur aşçıbaşı, bırak bu lapayı ben yapayım. Öyle bir lapa yapacağım ki, Prens onu yiyince mutlaka iyileşecek,» demiş.

Kız öyle çok yalvarmış ki, sonunda aşçıbaşı dayanamayıp lapayı onun yapmasına izin vermiş.

Böylece kız çok sulu bir lapa yapmış, içine de kimse görmeden Prensin verdiği yüzüğü atmış. Yemek zamanı gelince aşçıbaşı lapayı Prense yollamış. Prens lapayı içip de dibinde yüzünü görünce fırlayıp yataktan kalkmış. Adamlarına bağırmaya başlamış. «Bu lapayı kim yaptıysa çabuk onu bulup bana getirin!»

Adamlar gidip aşçıyı getirmişler. O da, «Ben yaptım,» demiş. Ama Prens, «Hayır, bu lapayı sen yapmadın. Yapanın kim olduğunu bana söyle,» deyince aşçıbaşı, «Prens hazretleri, o lapayı size Saz Paltolu Kız yaptı. Kızcağız öyle fakir ki, paltosunu ve başlığını sazdan yapmış. Zavallı mutfakta tencereleri yıkayıp tavaları ovar. Size lapa yapacağımı duyunca çok yalvardı, dayanamadım onun yapmasına izin verdim. Bu lapanın sizin hastalığınızı geçireceğinizi söyledi,» demiş.

«Aşçıyı götürüp, Saz Paltolu Kızı bana çabuk getirin,» diye Prens emir vermiş. Saz Paltolu Kız da yüzüne kadar inen saz şapkasıyla Prensin karşısına gelmiş.

«Bu lapayı sen mi yaptın?» diye sormuş Prens.

«Ben yaptım, Prens hazretleri.»

«Öyleyse bu yüzüğü nereden aldın?»

«Bana verenden.»

«Öyleyse sen kimsin?»

«Kim olduğumu size göstereyim,» diyen kız saz paltoyla başlığı çıkarınca, Prensin karşısına kuştüylerinden giysiyle balodaki kız çıkmış. Kız yine de ne ismini, ne de kim olduğunu Prense söylemiş. Ama Prens buna aldırmamış, sevdiği kızı bulduğuna öyle sevinmiş ki, hemen düğünlerini yapmaya karar vermişler.

Böylece düğün hazırlıkları yapılmış. Düğüne bütün soylular davetliymiş. Saz Paltolu Kız babasının da düğüne davetli olduğunu duyunca, aşçıya gidip şunları söylemiş: «Düğün için hazırlayacağın yemeklerin hiçbirine bir tutam bile tuz koymayacaksın.»

«Ama nasıl olur, kimse pişirdiğim yemekleri yiyemez sonra,» diyen aşçıya, «Zararı yok!» demiş kız.

«Yapamam, korkarım, sonra Kral bana kızar,» demiş aşçı.

«Sen korkma, Kral kızarsa bütün suçu ben üstüme alırım,» demiş Saz Paltolu Kız.

Sonunda düğün günü gelmiş. Prensle Saz Paltolu Kızın nikâhları kıyılmış. Nikâhtan sonra davetliler güzel yemeklerle dolu sofraya oturmuşlar. Ama yemekler öyle tatsızmış ki, kim tabağına alsa, bir lokmadan fazla yiyemezmiş. Kızın babası olan kendini beğenmiş asilzade ondan almış yiyememiş, bundan almış yiyememiş. Sonra başlamış sofrada ağlamaya. Şaşıran Prens, «Derdiniz nedir, efendim?» diye sormuş.

«Ah! Sormayın,» demiş asilzade. «Benim bir zamanlar bir kızım vardı. Bir gün ona beni ne kadar sevdiğini sordum. Taze et tuzu ne kadar severse, ben de seni o kadar seviyorum, deyince benimle alay ediyor sanıp onu evimden attım. Şimdi anlıyorum ki, o beni kardeşlerinin ikisinden de daha çok seviyormuş. Ama artık kızım yok, kayboldu gitti. Kimbilir, aç susuz kalıp belki de bir ormanda ölmüştür.»

Bunları duyan Saz Paltolu Kız hemen koşup babasının önüne gelmiş. «Hayır babacığım, ölmedim,» deyip babasının boynuna sarılmış. Böylece bundan sonra hepsi birlikte dertsiz, mutlu bir hayat sürmüşler.

GAL

GÖLÜN PERİSİ

Evvel zaman içinde bir gün bir çoban Galler'in kuzeyinde, sisli dağlarının eteklerinde koyunlarını otlatıyormuş. Dağların tepelerini kara bulutların kapladığı Snowdon Tepesinin gözden kaybolduğu, gölün parlak sularının gri bir örtü gibi durgun ve soğuk göründüğü karanlık bir günmüş.

Çoban tepelerin göle inen yamaçlarını seyrederken, birdenbire sanki vadide güneş doğmuş gibi olmuş, gölün üstündeki kara bulutlar altın rengine dönmüş.

Çoban göle bakınca, bu ışığın durduğu yere çok uzak olmayan, ufacık bir adadan geldiğini görmüş. Ama asıl ışık adadan değil, oradan altın sarısı saçlarını tarayan bir kızdan çıkıyormuş. Gördüğü kızların en güzeliymiş. Rüyasında bile göremeyeceği kadar güzel bir kızmış.

Her gören ona âşık olurmuş. Böylece genç çoban da kalbini kıza kaptırmış. Dudakları aralık, nefes almaya bile korkarak suyun kenarına yaklaşmış. Kızla kendisini incecik bir su şeridinin ayırdığı yere kadar gitmiş.

İşte o zaman kız da çobanı görmüş. Çoban tatlı tatlı gülerek ona ellerini uzatmış. Az sonra da ne yaptığını düşünmeden, annesinin kendisine verdiği peynirle ekmeği çantasından çıkarmış.

Kız su yüzünde sanki karada yürür gibi kayıp çobanın yanına gelmiş. Ama çobana yaklaşıp da elindeki peynirle katı ekmeği görünce şöyle bir şarkı söylemiş:

Fazla pişmiş ekmekle beni besleyemezsin.
Fazla pişmiş ekmekle beni götüremezsin.

Çoban elini kıza uzatınca kız başını sallayıp gölün içinde gözden kaybolmuş.

Akşam eve dönen çoban annesine olanları anlatıp, «Artık onsuz yaşayamam,» demiş. «Gölün Perisinin kalbini kazanıp onu karım yapmazsam yaşayamam.»

Gölün Perisi katı arpa ekmeğini sevmedi diye, çobanın annesi çok yumuşak hamurla, az pişmiş bir ekmek yapmış. Biraz peynirle birlikte çobana vermiş. Çoban da koşup gölün kenarına gelmiş.

Çok geçmeden güzel kız yine çobanın yanına gelmiş. Ama çobanın elinde tuttuğu ekmeği görünce şu şarkıyı söylemiş:

Pişmemiş ekmekle beni besleyemezsin.
Pişmemiş ekmekle beni götüremezsin.

Bu sırada çoban kollarını uzatıp kıza ne kadar seslendiyse de, kız başını sallayıp gölde kaybolmuş.

Akşam eve gelen çoban yine annesine olanları anlatmış. «Onun kalbini kazanamazsam öleceğim. Gölün Perisi karım olmazsa ben yaşayamam,» demiş. Bunun üzerine annesi kalkıp bir somun ekmek pişirmiş.

Bu ekmek katı değilmiş ama pişmemiş de değilmiş. Güzel kabarmış, üstü kızarmış, içi yumuşak, güzel bir ekmekmiş.

Ertesi sabah bu ekmeği alan çoban göle koşmuş. Bütün gün değneğine dayanıp göle bakıp beklemiş. Ama Peri Kızı gelip etrafı parlatmamış. Kara bulutlar gölün üstüne çökmüş, gölün suları yine demir gibi soğuk görünmüş.

Ümitsiz üzgün bir durumda eve döneceği sırada, suyun üstünde yürüyen dört siyah inek görmüş. Çok geçmeden de onların arkasında güzel kız belirmiş.

Hemen suyun kenarına giden çoban, peynirle ekmeğini uzatıp kıza seslenmiş.

Çobanın sesini işiten kız, onun yanına gelmiş. Peynirle ekmeği alıp ucundan ısırınca şöyle bir şarkı söylemiş:

İyi pişmiş ekmekle beni besleyebilirsin.
İyi pişmiş ekmekle beni götürebilirsin.

Çoban elini uzatıp onu çok sevdiğini, onsuz yaşayamayacağını söylemiş.

Kız da yavaşça şunları söylemiş: «Ben de seni seviyorum, senin karın olacağım. Hem de sana iyi bir eş olacağım. Ama şunu hiç unutma, bana üç kere vurursan beni bir daha bulamazsın. Üçüncü vuruşunda gölün suları altındaki babamın sarayına giderim.»

Çoban hiçbir zaman vurmayacağına söz vermiş. Kız da çobanla yola çıkmış, tepeye gelince şarkı söylemeye başlamış.

Benekli inek, beyaz lekeli
Damgalı inek, büyük lekeli
Dört inek hepsi kırmızı benekli
Yaşlı inek beyaz benekli
Siyah inek, gri renk, nerede gezersen gez
Sen de beyaz boğa, ben gidiyorum, arkamdan gel tez.

Kız şarkı söyledikçe gölden inekler, tarla sürmeye hazır dört öküz, parlak postlu koyunlar çıkıp kızın arkasından gelmiş.

Kız çeyizi olan bu hayvanlarla çobanın evine gitmiş. Evlenip çok mutlu olmuşlar. Üç de çocukları olmuş.

Üçüncü çocuklarının vaftiz günü gelince çoban karısına, «Kilise oldukça uzak, çocuklarla yürümek zor olacak, ahırdan atları getirir misin?» demiş.

«Elbette,» demiş karısı. «Ben ahıra giderken sen de lütfen eve git, benim eldivenlerimi getiriver.»

Çoban eve gidip eldivenlerini alıp gelmiş. Karısını daha atları almaya gitmemiş görünce, eldivenlerle omzuna hafifçe dokunup, «Söz dinlemez, çabuk ahıra git de söylediğim gibi atları getir,» demiş.

Kadın çobana garip garip bakıp, «Bu ilki,» demiş, sonra da ahıra gidip atları getirmiş.

Aradan yıllar geçmiş, çobanla karısının işleri çok iyi gitmiş. Bütün ülkede Peri ineklerinin sütüyle tereyağı kadar lezzetli süt ve tereyağı yokmuş. Peri öküzün sürdüğü toprağın hiçbir yerde eşi yokmuş, hiçbir yerde de Peri koyunlarının yünü kadar parlak, yumuşak yün yokmuş.

Bir gün çobanla karısı göl kıyısındaki bir sarayda oturan büyük bir lordun kızıyla, dağların arasındaki bir şatoda oturan zengin bir adamın evlenme törenine gitmişler. Düğün eğlenceleri sırasında çobanın Peri hanımı acı acı ağlamaya başlamış.

Kocası kızgın kızgın omzuna hafifçe vurup, «Dikkat et, etraftakileri gücendireceksin. Düğünde neden ağlıyorsun?» demiş.

«Çünkü bu çiftin ileride başı derde girecek.» Sonra da daha çok hıçkırarak, «Bizim de başımızın üstünde bir felaket dolaşıyor. Çünkü bu bana hiç neden yokken ikinci vuruşun. Dikkat et, çok dikkat et, çünkü bir daha bana vurman her şeyin sonu olacak,» demiş.

Aradan yine yıllar geçmiş. Çoban ihtiyarlamış. Üç oğulları büyümüş, iyi birer doktor olmak için okula gidiyorlarmış.

Bu sırada kızının düğününe gittikleri zengin lord ölmüş. Çobanla karısı da cenaze törenine davet edilmişler. Herkes ağlarken, çobanın karısı etrafı çın çın çınlatan o neşeli gülüşüyle gülmeye başlamış. Zaten Gölün Perisi hiç ihtiyarlamamış. Hâlâ gölden çıktığı gün gibi güzel, neşeli ve gençmiş.

Şaşıran ve utanan çoban karısını omzundan tutup elini ağzına vurmuş ve kimseye duyurmadan, «Bu gülünecek zaman mı?» diye söylenmiş.

«Gülüyorum, çünkü bu adam öldü ve bütün dertlerini geride bıraktı. Ama ne yazık, senin dertlerin eninde sonunda seni bulacak. Bana üçüncü kez vurdun, artık seni bırakıyorum. Gölden beni çağırdılar, gitmek zorundayım.»

Güzel kadın bunları söyledikten sonra kiliseden çıkıp dağı geçmiş, şarkı söyleyerek göle gitmiş.

Benekli inek, beyaz lekeli
Damgalı inek, büyük lekeli
Dört inek hepsi kırmızı benekli
Yaşlı inek beyaz benekli
Siyah inek, gri inek, nerede gezersen gez
Sen de beyaz boğa, eve dönüyorum, arkamdan gel.

Bu şarkıyı duyan bütün hayvanlar bağlı oldukları sırıkları bile sürükleyerek kadının arkasından gitmişler. Öküz arkasında sapanı, koyunlar küçük yavrularıyla Gölün Perisini izlemişler.

İhtiyar çoban acı acı Peri karısının arkasından ağlamış. Oğulları onu avutmak için, «Sevgili babacığımız, ağlama, annemiz elbette bizi koruyacak, belki de geri gelecek,» demişler.

O günden sonra üç genç, babaları öldükten sonra bile her gece gidip gölün karanlık sularının başında bekler, annelerini çağırırlarmış. Sonunda bir gece, ayın on dördünde, Gölün Perisi çocuklarının yanına gelmiş. Hâlâ çobanın onu ilk gördüğü günkü kadar güzel ve gençmiş.

Çocuklarını sevgiyle selamlamış, onları her zamanki kadar çok sevdiğini, bir dertleri olursa onlara yardım edeceğini söyledikten sonra şunları eklemiş:

«Size sihirli atlar getirdim. Bunları kullanarak ülkenin en büyük hekimleri olursunuz. Bu ot bütün göz hastalıklarını iyi eder, bu ot ateşli hastalıkları iyileştirir, bu yara otu da her yarayı geçirir. Bunları dikin, iyi bakın, ününüz uzak yakın her tarafta yayılacak...»

Bunları söyledikten sonra çocuklarına veda edip gölün dibine dönmüş. Zamanla Göl Perisinin söylediği her şey çıkmış. Otlar büyümüş, ağaç olmuş. Üç oğlundan sonra onların oğulları, torunları, torunlarının torunları bu ilaçları kullanmışlar. Ülke halkı da Göl Perisini hep iyilikle anmış.

BREZİLYA

YARA'NIN HİKÂYESİ

Büyük nehrin aktığı sıcak tropik ormanda; insanların gündüz uyuduğu, ormanların bile yalnız sabahın erken saatlerinde ve akşamın geç saatlerinde canlandığı, kızgın güneşin pırıl pırıl parladığı topraklarda bir genç kızla bir delikanlı varmış.

Julia çocukluğundan beri nehrin kenarındaki kentte otururmuş. Ama başka bir ülkeden gelmiş olan Alonza, bu vahşi ormanın tehlikelerini bilemezmiş.

Alonza, Juila'yı çok uzak kentlerden bir sürü insanın katıldığı bir şenlikte görmüş. Bir kenarda durup kırmızı mavi güzel elbiselerle siyah saçlarında çiçekleriyle dans eden kızları seyretmiş. Birden hepsinin içinde pırıl pırıl parlayan bir kız görmüş. Bu kız beyaz elbisesi, saçındaki kırmızı gülüyle öyle güzelmiş ki, o kalabalığın içinde Alonza yalnız onu görüyormuş.

Eğlence sona erdiğinde bile güzel kız gözlerinin önünden gitmemiş. Geceleri bir türlü uyuyamıyor, ormandaki derin gölde yıkanmaya gidiyormuş. Ne yaparsa yapsın, Julia'nın güzel yüzü hep karşısındaymış.

Böylece bir gün onu aramaya koyulmuş. Julia'nın evine geldiğinde bir de bakmış ki, kocaman bir köpek güzel kıza saldırıyor. Hemen Julia'yı vahşi köpeğin elinden kurtarmış. Böylece Julia'nın kalbini kazanmış. Kızın evinde her zaman sevgiyle karşılanan bir konuk olmuş. Çok geçmeden de iki genç nişanlanmışlar.

Her gün işi bittiğinde Alonza, canlı renkleriyle dallarda bağrışan papağanların bulunduğu ormanın kenarından yürür ve Julia'nın evine gidermiş. Sonra ikisi birlikte güney yıldızlarının altında yürürlermiş. Çok mutluymuşlar.

Ama bir gece Alonza dertli görünmüş. Julia da sevgilisine, «Sevgilim, dün akşam eve gittikten sonra ne yaptın?» diye sormuş.

«Her zaman yaptığımı,» demiş Alonza. «Uyuyamayacak kadar sıcak olduğu için ormanda yürüyüp, nehrin kenarındaki bu sıcak kente gelmeden önce her akşam gittiğim derin göle gittim yine. Ama dün gece tuhaf bir şey oldu. Sudan çıktığım zaman bir ses duydum, öyle güzel bir sesti ki, bülbülden bile tatlı söylüyordu. Ama sözlerini anlayamıyordum. Giyindikten sonra her tarafta bu güzel sesin sahibini aradım, fakat bir türlü bulamadım.»

Bunu işiten Julia titremeye başlamış, yüzü bembeyaz olmuş. Büyük nehrin kenarında yıllardır yaşayan Julia, ormanın derinliklerinde saklanan korkunç yaratıklar hakkında bir sürü hikâye duymuş. Yara'nın evlenmek üzere olan gençleri arayan, kötü, ama çok güzel büyücü kız olduğunu biliyormuş.

«Alonza!» diye bağırmış. «Bana bir söz ver.»

«Ne dilersen,» demiş Alonza neşeyle.

«Dün gece duyduğun öyle bir ses ki, ilerki mutluluğumuza engel olacak.»

«Demek çok ciddisin. Ben de sana ciddi ciddi söz veriyorum. Söyle bakalım.»

«Büyük nehrin kenarındaki gölde bir daha yıkanamayacağına söz ver.»

«Ama kalbimin biricik çiçeği, ben oraya pek çok kez gittim. Hiçbir zararını da görmedim.»

«Daha görmedin, ama yakında göreceksin. Söz ver, yalvarırım, bana söz ver,» diyerek Julia ağlamaya başlamış.

Alonza, «Derdin ne?» diye sormuş. «Korkudan bembeyaz oldun.»

«Şarkıyı duydun, değil mi?»

«Elbette duydum, ama böyle güzel bir şarkıdan ne kötülük gelebilir?»

«İşte o güzel şarkıyı söyleyen kız gelip seni ölüme götürecek.»

«Kalbimin kraliçesi, aklını mı kaybediyorsun?»

«Hayır, hayır, gerçeği söylüyorum. İşittiğin ses Yara'nın sesinden başka bir ses değil.»

«Yara!» diye Alonza bağırmış ve gülmeye başlamış. Ama kahkahası birden boğuklaşmış, çirkin bir sese dönüşmüş.

Julia da, «Ah! Yara'yı gördün sen. Yalnız onu görenler böyle gülerler,» demiş ve yere düşüp bayılmış.

Kendine geldiğinde Alonza ona istediği her sözü vermeye, her yemini etmeye hazır olduğunu söylemiş. Ama Julia bir türlü emin olamıyormuş.

Sonunda Alonza evleninceye kadar gölün yakınına gitmeyeceğine söz vermiş. «Kalbim artık rahatladı, ama Yara'nın gücü çok büyüktür. Şarkısının büyüsüyle dünyadaki birçok gence her şeyi unutturup, onları kendi yoluna çekmiştir. Bundan önce hep böyle oldu. Nice genç kız sevgililerini kaybedip hayatları boyunca kalpleri kırık yaşadı. Eğer büyücü kız seni göle gitmeye zorlarsa, bunu yanına alacağına söz ver,» demiş Julia ve garip renkli büyükçe bir deniz kabuğunu mücver kutusundan çıkarmış, ona güzel bir şarkı söylemiş. Sonra da, «Al bunu ve her zaman yanında taşı. Yara'nın sesini işitir işitmez kulağına daya, onun sesi yerine benim şarkımı dinle. Benim sesimi mi, Yara'nın sesini mi daha çok beğeneceksin, işte onu bilemiyorum,» demiş.

O akşam Alonza eve döndüğünde büyük nehrin üzerinde ay parlıyor, orman serin serin onu davet ediyor, her zamanki gibi göle yıkanmaya çağırıyormuş.

Ama Alonza gitmemiş, nişanlısına verdiği sözü tutmuş.

Gelgelelim üçüncü gece ormandaki tuhaf şarkı onu öylesine kuvvetle çağırmış ki, Julia'ya verdiği sözü bile unutarak, çalıların arasından göle doğru yürümüş. Göle vardığında dikkatle etrafına bakınmış, etrafta bir gariplik varmış. Yara'ya inanmasa da, Julia'nın sözlerini hatırlamış.

Göle tam ayağını atarken, bir şey ona arkasını dönmesini söylemiş sanki. O anda ay ışığı ağaçların arasından parlamış ve çiçeklenen otların arasına yarı gizlenmiş, çok güzel bir kızı aydınlatmış.

Alonza telaşla durmuş. Elbisesini çabucak beline sardığı gibi koşa koşa evine gitmiş. Ertesi sabah tekrar göle gitmiş, ama garip bir şeye rastlamamış. Kendi kendine, deli olmalıyım herhalde, Julia'nin hikâyelerine inandım, demiş.

Ama bütün gün bir türlü rahat edememiş. Kendisini hasta hissetmiş, işine zorlukla gitmiş. Akşam Julia'yı ziyarete gitmiş, ama bir akşam önce başına gelenlerden hiç söz etmemiş.

Kendi kendine, yarın her şeyi öğreneceğim, diyerek evine dönmüş.

Evine vardığında tüfeğini alıp doldurmuş. Julia'nın verdiği deniz kabuğunu belindeki çantasına koymuş ve göle doğru yola koyulmuş.

Uzaktaki aslanların kükremesiyle gece kuşlarının seslerinden başka etrafta çık yokmuş. Gölün kenarındaki bir ağacın altına oturmuş. Çok geçmeden üzerine uykudaki gibi bir ağırlık çökmüş ve onu çağıran, büyüleyen sesi tekrar duymuş. «Kim o?» diye bağırıp ayağa kalkmış. Kimseyi görememiş, fakat gözleri sanki gölün koyu sularına çivilenmiş, başka bir şeye bakmaz olmuş.

Birden karanlık gölün derinliklerinde bir ışık pırıltısına benzer bir şey görmüş. Yavaş yavaş büyümüş bu ışık, yakınlaşmış. Alonza çok korkmaya başlamış. Onu saran büyünün etkisinden bir türlü kurtulamamış.

Az sonra kara sular açılmış ve ay ışığının ortasına bir akşam önce gördüğü o güzel kız doğuvermiş. Alonza koşmaya çalışmış, gözlerini yummaya uğraşmış. Ama başaramamış. İstemeye istemeye ona uzatan, dudakları aralık, güler yüzlü, gözleri parlak genç kız öylesine güzelmiş ki... Birden Alonza'nın aklına Julia'ya verdiği söz gelmiş, sevgilisini hatırlamış.

O anda sihir bozulmuş. Tehlikeyi bilen Alonza hemen tüfeğine sarılmış, Yara'ya doğru ateş etmiş. Ama Yara hâlâ tatlı tatlı gülerek, sarılmak için kollarını uzatmış, ona doğru geliyormuş.

Ne yapacağını şaşıran Alonza tüfeğini ucundan tutup sopa gibi kullanmak istemiş. Sanki korkmuş gibi Yara bir adım uzaklaşmış. Ancak o sırada Alonza, Yara'nın kendisini göle doğru çektiğini anlamış. Ümitsizce bu güce karşı gelmek istemiş. Ama Yara'nın büyüsü onu sarmış bile.

Yara önünde eğilip ay ışığında parıldayan dalgaların arasında sallanırken, tüfek Alonza'nın omuzundan düşmüş. Böylece Yara şarkısına başlamış. Şarkının büyüsü Alonza'nın bütün kalbini doldurmuş. Mücadele etmenin anlamsız, akılsızca, hatta istemediği bir şey olduğunu hissetmiş.

Kolları yanına düşmüş ve o anda sağ eli kuşağındaki torbaya çarpmış. Birden sanki bir güç ona torbayı açtırıp içinden kabuğu çıkartmış. Onu kulağına götürdüğünde, Yara'nın şarkısı daha tatlı, daha yumuşak, daha güzel gelmeye başlamış. Alonza kabuğu kulağına daha sıkı dayamış ve birden Julia'nın tatlı, sevgi dolu sesini duymuş. Gerçek mutluluğu, evdeki güzel şeyleri, sevgilisini ve birbirlerine verdikleri sözleri anlatıyormuş bu ses.

Alonza bu sesi dinledikçe Yara'nın sesi uzaklaşmış. Yavaş yavaş Alonza da kendine gelmiş. Az sonra etrafına baktığında Yara artık yokmuş. Büyük nehrin pırıltısından başka bir şey görülmüyormuş. Gece kuşlarının tatlı seslerinden başka da tek bir ses yokmuş.

Alonza altın şafakla birlikte, gelin olmak için bekleyen biricik sevgilisi Julia'nın yanına dönmüş böylece.

FRANSIZ

UYUYAN GÜZEL

Çok eski zamanlarda bir Kralla bir Kraliçe varmış. Hiç çocukları olmadığı için çok üzülürlermiş. Sonunda bir kızları olmuş. Bu haberi alan ülke halkı sevinç içinde bayram yapmış.

Kızı için büyük bir vaftiz töreni yapan kral, törene ülkesindeki bütün perileri davet etmiş. O zamanın âdetine göre, her gelen peri, ismi konan çocuk için sihirli bir dilekte bulunurmuş.

Tören günü, çağrılan yedi peri gelmiş. Her biri kendisi için ayrılan yere oturmuş. Her biri için altın bir çanak elmaslarla süslü altın bir bıçak, bir çatal ve bir kaşık varmış. Herkes sofraya oturduğu zaman birden kapı açılmış ve davet edilmeyen çok yaşlı bir peri içeri girmiş. Elli yıldan beri hiç kimse bu ihtiyar periyi ne görmüş, ne de sesini işitmiş. Herkes onun ormandaki kulesinde öldüğünü ya da büyülenip kaldığını sanıyormuş.

Kral ihtiyar periyi görünce onun için sofraya bir iskemle koydurmuş, ama öbür periler gibi altın çatal, bıçak kaşık vermemiş. Çünkü bunlardan sadece yedi tane yaptırmış. İhtiyar peri, Kralın onu küçük görmesinin cezasını çekeceğini, küçük Prensesin de hediyesinde kendisine yapılanın karşılığını bulacağını söyleyerek homurdanmaya başlamış.

Bunları duyan perilerin en genci usulcacık kalkıp beşiğe en yakın olan perinin arkasına saklanmış. Çünkü küçük Prensese vaftiz hediyesini en son vermek istemiş.

Çok geçmeden ziyaret bitmiş. Periler beşiğin etrafına toplanmışlar. Birinci peri, prensesin dünya güzeli bir kız olmasını dilemiş. İkinci peri melekler kadar akıllı olmasını, üçüncü peri çok kibar ve nazik olmasını, dördüncü peri çok güzel dans etmesini, beşinci peri bülbüller kadar güzel şarkı söylemesini, altıncı peri de bütün çalgıları çok güzel çalmasını dilemiş.

Sıra ihtiyar periye gelmiş. İhtiyar peri yapacağı kötülüğü düşünüp sallanarak beşiğe yaklaşmış. «Küçük Prenses, bir gün eline yün çıkrığından bir kıymık batıp öleceksin,» demiş.

İhtiyar perinin bu sözleri üzerine herkes korkudan titremiş. Kraliçe ve bütün hanımlar ağlamaya başlamışlar.

Tam o sırada genç peri saklandığı perdelerin arkasından çıkıp tatlı bir sesle, «Sevgili Kral ve Kraliçe, üzülmeyiniz, kızınız ölmeyecek,» demiş. «Benden çok yaşlı bir perinin lanetini kızınızın üzerinden büsbütün kaldıramam, ama bu laneti hafifletirim. Prensesin eline kıymık batacak, ama ölmeyecek, yüz yıl uyuyacak, sonra benim seçeceğim bir Prens gelip onu uyandıracak. Sonra da onunla evlenecek.»

Bu sözler Kral ve Kraliçeyi biraz olsun rahatlatmış. Kızları Prenses ölümden kurtulmuş, ama yüz yıl uykuda kalacağını düşündükçe çok kederlenirlermiş. Kızının eline çıkrığın kıymığının batmasından korkan Kral bir yasa çıkarmış ve ülkesinde yün eğirmeyi yasak etmiş. Evlerindeki çıkrıklar da toplanıp meydanlarda yakılmış.

Böylece aradan zaman geçmiş. Prenses büyümüş, perilerin dilediği kadar marifetli, akıllı bir kız olmuş. On altı yaşına gelmiş, fakat daha ne bir çıkrık görmüş, ne de yünün nasıl eğrildiğini bilirmiş.

Bir gün Kralla Kraliçe gezmeye gitmişler. Sarayda yalnız kalan Prenses sıkılmış, oyalanmak için sarayın hiç görmediği kapalı yerlerini dolaşmaya başlamış. Dolaşırken tozlu bir merdiven görmüş. Bu merdivenlerden çıkıp ufacık bir odaya gelmiş. Odada çok ihtiyar bir kadın oturuyormuş. Kralın koyduğu yasadan habersiz yün eğirirmiş.

Prenses, «İhtiyar kadın, ne yapıyorsun?» diye sormuş. Prensesin kim olduğunu bilmeyen ihtiyar kadıncağız onun bu cahilliğine şaşmış. «Yün eğiriyorum, kızım,» demiş.

«Aman, ne eğlenceli bir iş bu. Ne olur, nasıl yapıldığını göster de ben de bir deneyeyim,» demiş Prenses. Ve çıkrığı ihtiyar kadının elinden almış. Almış, ama ya acelesinden ya da ihtiyar perinin lanetinden, çıkrığı alır almaz eline bir kıymış batmış. Kıymık batar batmaz da yere ölü gibi düşmüş.

Bunu gören ihtiyar kadıncağız önce çok şaşırmış, kızı kaldırmaya uğraşmış, fakat boşuna, kız yerde ölü gibi yatarmış. Sonunda çok korkan ihtiyar kadın avazı çıktığı kadar bağırmaya başlamış. Kadının feryadını duyanlar sarayın her tarafından koşup gelmişler. Bakmışlar, Prenses yerde ölü gibi yatıyor. Başına su koymuşlar, en iyi ilaçları yapmışlar, her çareye başvurmuşlar, ama hiçbir şey fayda etmemiş. Çok geçmeden Kral ve Kraliçe saraya dönmüş. Olanları öğrenince ihtiyar perinin lanetini ve genç perinin vaadini hatırlamışlar. Kral hemen sarayın en iyi odasında altın ve gümüş işlemeli bir yatak hazırlaması için emir vermiş.

Bir melek kadar güzel Prensesi bu yatağa yatırmışlar. Prenses hafif hafif nefes alırmış. Herkes de onun ölmediğini görür sevinirmiş, ama yüz yıl uyuyacağını düşündükçe de üzülürlermiş... Sarayda bunlar olurken, Prensesin hayatını kurtaran peri çok uzak bir ülkede, her şeyden habersiz otururmuş.

Ama olanları duyan bir cüce arabasına binmiş, ejderlerini de arabaya koşmuş, periye haber vermek için yola çıkmış. Bir saat sonra da peri kızının olduğu ülkeye varmış. Peri kızı cüceyi dinleyince hemen saraya gelmiş. Kral ve Kraliçe en güzel giysileriyle altın yatakta yatan Prensesi, periye göstermişler. «Çok iyi yapmışsınız,» demiş peri. «Ama benim yapacağım daha başka işler var. Aradan yüz yıl geçip Prenses uyanınca herkes ölmüş olursa, Prenses yalnız kalır, korkar. Ben şimdi sarayda kim varsa hepsini Prenses gibi uyutacağım. Ama sizin ülke işlerini yürütmeniz gerek.»

Böylece peri kızı bütün sarayı dolaşmış. Her gördüğü canlıya elindeki sihirli değneğiyle dokunmuş, askerler, aşçılar, hizmetçiler, Prensesin nedimleri, ahırdaki atlar, avludaki köpekler, Prensesin yatağının yanında yatan ufak köpeği, sözün kısası sihirli değneğin dokunduğu her canlı uyuyakalmış. Hepsi de Prensesle yüz yıl uyuyup, yüz yıl sonra Prenses uyanınca uyanacaklarmış. Ama peri değneğini sadece canlılara değdirmekle yetinmemiş, saraydaki her şeye de değdirmiş, ocaktaki ateş bile donup kalmış.

Kral ve Kraliçe uyuyan kızlarını öpüp ona veda etmişler, saraydan çıkmışlar. Ülkenin öte ucundaki saraylarına gidip oraya yerleşmişler. Kral ve Kraliçe saraydan çıkar çıkmaz, peri değneğini tekrar sallamış.. Bu kez bahçedeki ağaçlar büyüyüp uzamışlar, ağaçların arasından çalılar dikenler çıkmış. Bunlar öyle büyümüşler ki, ancak çok uzaktan bakanlar sarayın kulesinin tepesini görebiliyormuş. O günden sonra buraya «uyuyan koru» denmiş. Çalılar o kadar sık, dikenler o kadar çokmuş ki, hiç kimse ne saraya girmeye, ne de bahçeye yaklaşmaya cesaret edebilirmiş.

Aradan çok uzun zaman geçmiş. Bir gün yakın ülkelerden birinde, macera arayan bir Prens çıkagelmiş. Uzaktan sarayın kulesini gören Prens bakmış, sarayın etrafı sık ormanlarla çevrili. Çok meraklanan Prens kent halkına bu sarayın kimin olduğunu sormuş. Adamın biri, «O saray mı?» demiş. «Orası çok eski, yıkık dökük bir yerdir, içinde de hayaletler dolaşır.»

Başka biri, «Hayır, hayır, öyle değil. O sarayda cadılar yaşar. Bayram günlerinde birçok cadı süpürge sopaları üstünde uçup gelir, orada toplanır,» demiş.

Bir başkası atılmış. «Sen bilmezsin. Orada insan yiyen bir canavar yaşar. Yakaladığı çocukları oraya götürür, onları orada yavaş yavaş yer. Büyüsüyle korkunç ormanda kendine yol açabilir.»

Prens bu adamın söylediklerini duyunca titremiş, çünkü kendi annesi de çocuk eti yiyen bir canavarın kızıymış... Babası Kral bunu ancak evlendikten sonra öğrenmiş.

Bu arada çok yaşlı bir adam Prensin yanına gelmiş. «Asil Prens,» demiş. «Babam elli yıl önce bana bu sarayın hikâyesini anlattı. O da bu hikâyeyi kendi babasından dinlemiş. Büyükbabam sağ olsaydı, şimdi yüz yaşından fazla olurdu. O orada olanları bilirmiş. Sarayda dünya güzeli bir Prenses varmış. Bu Prenses sihirli uykudaymış. Yüz yıl sonra perilerin seçtiği bir prens gelip onu uyandıracakmış.»

Bunları dinleyen Prens çok meraklanmış. Sarayda uyuyan Prensesi görmeden ona âşık olmuş. Kendisinin de perilerin seçtiği Prens olduğuna inanmış. Böylece yanına kimseyi almadan sarayın koruluğuna gitmiş. Koruluğa varınca dikenlerin çalıların yok olup, bir yol açtığını görmüş. Yol açılmış, ama Prens geçince arkasındaki yol hemen kapanıyormuş. Prensten başkası buradan geçemezmiş. Yolunda sevinçle ilerleyen Prens bir ara durup etrafına bakınmış... Çıt bile yokmuş. En cesur insanı bile ürkütecek, korkunç bir sessizlik içinde her şey susuyormuş. Kuşlar ötmüyor, yapraklar kımıldamıyormuş. İnsanlar, hayvanlar varmış ama hepsi ölü gibiymiş.

Prens etrafa daha dikkatli bakınca, burada her şeyin sihirli uykuda olduğunu anlamış. İnsanların yüzleri sağlıklı, yanakları pembe pembeymiş. Adamların ellerindeki kadehlerde yarısı içilmiş şaraplar duruyormuş. Mutfağa gitmiş, bakmış, tencerelerdeki yemekler hâlâ taze pişmiş gibi duruyor.

Prens merdivenlerden yukarı çıkmış... Kapıların önündeki nöbetçiler ayakta duruyorlarmış. Odalara girmiş çıkmış. Odalarda saraylılar kimi ayakta, kimi oturarak uyuyorlarmış. Sonunda altı yaşında var yokmuş. Melek gibi uyuyormuş... Prens dünyada böyle güzel bir kız hiç görmemiş.

Bu güzellik karşısında titreyen Prens yatağa yaklaşmış. Kızın yanına diz çöküp, güzelliğini seyretmeye başlamış. İşte o zaman büyü bozulmuş. Prenses uyanmış, tatlı tatlı Prense bakıp, «Sen misin, Prensim? Beni çok beklettin!» demiş.

Bu sözleri duyan Prens sevincinden deliye dönmüş, ne söyleyeceğini şaşırmış. Ama yine de Prensesi canından çok sevdiğini söyleyebilmiş. Rüyasında onunla uzun uzun konuşmuş olan Prenses de ona birçok şeyler anlatmış.

Prensle Prenses konuşadursun, büyü bozulunca bütün saray halkı da uyanmış. Aradan geçen yüz yıldan habersiz, işlerine bıraktıkları yerden başlamışlar. Yemek zamanı gelmiş. Hepsi çok acıkmış... Ama Prenses ve Prens acıktıklarının farkında bile değillermiş. Prensesin başnedimesi kapıyı vurup yemeğin hazır olduğunu bildirmiş. Prenses de kalkmış, en güzel elbisesini giymiş. Prens bakmış ki, Prensesin elbisesinin modası geçmiş, ninesinin zamanında giyilen bir elbise, ama bir şey belli etmemiş.

Birlikte sarayın büyük yemek salonuna yemeğe inmişler... Yemeğe oturunca çalgıcılar yüz yıl önceki şarkıları çalmaya başlamışlar. Onları bile sanki çalmayı unutmuş gibi çalıyorlarmış. Böylece hep birlikte yemeklerini yemişler. Yemekten sonra da sarayın kilisesinde ona ismini koyan papaz tarafından, Prens ve Prensesin nikâhları kıyılmış. Ama artık hiç uykusu olmayan Prenses gece uyumamış.

Ertesi sabah Prens babasının sarayına gitmesi gerektiğini söylemiş. Prensesi şimdi oraya götürmeyeceğini, çünkü evlenmelerini gizli tutması gerektiğini söyleyip yola çıkmış. Prens geçince yollar da tekrar arkasından kapanmış.

Böylece Prens babasının sarayına gitmiş... Babası Prensesi görünce bu kadar zamandır nerede olduğunu sormuş. O da ormanda yolunu kaybettiğini, bir kömürcünün yanına sığındığını, kömürcünün de onu ekmek peynirle doyurduğunu söylemiş. Kral çok ihtiyarmış, aklına da hiç kötülük gelmezmiş. Onun için Prensin söylediklerine hemen inanmış. Ama Kraliçe çok geçmeden şüphelenmeye başlamış. Çünkü Prens her gün sabah erken saatlerde kalkıyor, sözde ava gidiyormuş. «Bana öyle geliyor ki, sen gizlice evlendin,» demiş annesi bir gün. Fakat Prens gerçeği annesine söylememiş. Aradan zaman geçmiş. Prensin iki çocuğu olmuş. Prenses Anrora ve Prens Jourdan koymuşlar isimlerini...

Prens çocuklarını da, karısını da uyuyan ormanda saklı tutarmış. Annesi yamyam soyundan geldiği için, çocuklarını görünce yamyamlığı aklına gelir diye korkarmış. Kraliçe küçük çocukları gördüğü zaman annesinin ona yedirdiği çocuk etlerini hatırlar, onları yemek ister dermiş herkes.

Aradan yıllar geçmiş. Bir gün Kral ölmüş. Böylece Prens babasının yerine geçip Kral olmuş. Kral olunca da artık karısıyla çocuklarını saraya getirmeye mecbur kalmış. Böylece, Prenses yanında biri üç, biri de dört yaşındaki iki çocuğuyla çok görkemli bir törenle saraya gelmiş yerleşmiş.

Prens Krallık tacını giyip Kral olduktan kısa bir zaman sonra, komşu bir ülkeyle kendi ülkesi arasında savaş çıkmış. Kral da Kantalabut ismindeki bu ülkeye savaş etmek için gitmiş. Kral gidince ülkesinin idaresi annesi Ana Kraliçeye kalmış.

Kral giderken annesi ona karısı ve çocuklarını hiç merak etmemesini, onlara çok iyi bakacağını vaat etmiş. Vaat etmiş, ama aradan kısa bir zaman geçince Ana Kraliçenin içinde dayanılmaz bir istek doğmuş. Canı çocukları yemek istiyormuş. Birkaç gün sonra kalkıp onlara misafirliğe gitmiş. Çocukların oturduğu küçük saraya gelir gelmez de doğru mutfağa gitmiş. Aşçıbaşını karşısına çağırıp, «Yarın akşam yemeği için bana Prenses Anrora'yı pişireceksin,» demiş.

«Aman Allahım! Nasıl olur, hanımefendi!...» diye aşçı kadın bağırmış. Ama artık Ana Kraliçenin çocuk etine olan isteği o kadar artmış ki, sesi bile gulyabani sesi olmuş. «Söylediğim gibi yapacaksın. Yanına da güzel bir salça isterim!»

Zavallı aşçı bir gulyabaniye karşı gelemeyeceğini bildiği için bıçağını alıp Prenses Anrora'nın odasına çıkmış. Prenses çok sevdiği aşçıbaşının geldiğini görünce zıplaya zıplaya koşup boynuna sarılmış, biraz şeker vermesi için yalvarmış. Bunun üzerine aşçıbaşı bıçağını yere fırlatıp ağlamaya başlamış. Küçük Prensesi kucakladığı gibi kendi evine götürüp, saklaması için kocasına vermiş. Kocası da küçük Prensesi evlerinin bir köşesine saklamış. Prensesi evinde bırakan aşçı doğru koyun ağıllarına gitmiş. Bir kuzu öldürüp getirmiş. Kuzuyu güzelce pişirip, süslemiş, güzel de bir salça yapmış. Ana Kraliçenin akşam yemeğinde önüne getirmiş. Ana Kraliçe bu güzel yemeği çok beğenmiş. Aşçıbaşına da hayatında bu kadar güzel bir yemek yemediğini söylemiş.

Aradan sekiz gün geçmiş. Sekizinci gün Ana Kraliçe yine mutfağa gelmiş, aşçıbaşını çağırtmış. «Bu akşam yemeğine Prens Jourdan'ı yiyeceğim. Yine o güzel salçayla pişirmeyi unutma sakın,» demiş. Aşçıbaşı bu sefer başını öne eğip hiç sesini çıkarmamış. Bıçağını alıp küçük Prensi aramaya gitmiş. Prensi bulunca da kardeşinin yanına götürmüş. Kendi de gidip bir kuzu kesmiş. Kuzuyu güzelce pişirmiş, üstüne kraliçenin sevdiği salçayı dökmüş, süsleyip kraliçenin önüne koymuş. Kraliçe bunu da çok beğenmiş. O kadar beğenmiş ki, çok geçmeden canı yine insan eti istemiş. Mutfağa gelip aşçıbaşıya, «Bu akşam yemeğinde Kraliçeyi yemek istiyorum. Ama onu da çocuklarını pişirdiğin gibi pişir, üstüne de aynı salçayı koy!»

Bu kez aşçıbaşı ne yapacağını şaşırmış. Tadı güzeller güzeli, yirmi bir yaşındaki Kraliçeye benzeyen bir hayvan nasıl bulurum diye düşünmeye başlamış. Sonunda en büyük bıçağını alıp Kraliçenin odasına gitmiş. Ana Kraliçenin emrini genç Kraliçeye söylemiş. Zavallı Kraliçe de ağlayarak, «Bu işi hemen yap,» demiş. «Beni hemen al kes, sonra da pişir ki, ben de çok sevdiğim zavallı çocuklarımın yanına gideyim. Ah, keşke elime kıymık battığı zaman peri beni kurtarmasaydı. Keşke ölseydim.» Kraliçenin bu haline dayanamayan aşçıbaşı hıçkırıp ağlayarak,

«Hayır, Kraliçem,» demiş. «Siz ölmeyeceksiniz. Sizi kurtaran periyi de suçlamayınız. Benimle beraber kulübeme gelin. Orada çocuklarınızı göreceksiniz. Çünkü ben onları pişirmedim. Orada sakladım. Bu sefer de onu aldatacağım. Sizin yerinize ona güzel bir geyik pişireceğim.»

Böylece aşçıbaşı Kraliçeyi kulübesine götürmüş. Kraliçe de orada sevgili çocuklarını bulup çok sevinmiş. Aşçı Ana Kraliçeye güzel bir yemek pişirmiş. Ana Kraliçe geyiği çok beğenmiş, Kraliçe sanıp keyiflenmiş.

Aradan birkaç gün geçmiş. Ana Kraliçe yiyecek başka çocuklar aramak için çiftlikte dolaşmaya başlamış. O sırada küçük Anrora'nın ağlamasını duymuş. Tahta duvara kulağını koyup dinlemiş. Bakmış, annesi onu susturmaya uğraşıyor. Küçük Prens de yanında.

Bunun üzerine Kraliçe öyle öfkelenmiş, öyle öfkelenmiş ki, öfkeden açlığını bile unutmuş. Korkunç bir sesle hizmetçilere sarayın avlusuna büyük bir fıçı getirmelerini emretmiş. Fıçının içinde en zehirli kurbağaları, yılanları, kertenkeleleri doldurtmuş. Sonra da hizmetkârlarına Kraliçeyi, küçük Prensesle Prensi, aşçıbaşıyı ve kocasını tutup, ellerini bağlayıp, fıçının içine atmalarını emretmiş. İnsan eti yiyen bu korkunç kadından korkan uşaklar onun dediğini yapmışlar. Hepsinin tutup ellerini bağlamışlar. Ama tam fıçının içine atacakları sırada birdenbire Kral atıyla avluya girmiş. Korkunç bir sesle bağırmış.

«Ne oluyor? Bu yaptığınız nedir?»

Oğlunun sesini duyan gulyabani Kraliçe korkudan şaşkına dönmüş, geri geri kaçmaya başlamış. Ama geri giderken arka üstü fıçının içine düşmüş. Fıçıdaki korkunç hayvanlar hemen üzerine üşüşüp onu yiyivermişler. Kral annesinin ölümüne yine de üzülmüş. Ama güzel karısını ve sevgili çocuklarını kurtarabildiği için çok sevinip bu üzüntüsünü unutmuş.

Bundan sonra yıllar geçmiş, hepsi birlikte korkusuzca neşe içinde yaşamışlar.

GİRİT

GENÇ ADAMLA DENİZKIZI

Bir zamanlar Giritli bir genç varmış. Bu delikanlının en hoşlandığı şey, yalnız başına deniz kenarında oturup çenk (*) çalmakmış. Tellerinden çıkan ses o kadar güzelmiş ki, sanki deniz bu sesi duyunca sakinleşir, kıyıya onu dinlemeye gelirmiş.

Yine böyle çok güzel bir yaz günü, delikanlı sakin mavi denizin kıyısına oturmuş çenkini çalarken, derinlerden güzel bir denizkızı belirmiş. Bir kayanın üstüne oturup, gözleri pırıl pırıl delikanlının çalgısını dinledikten sonra dalgaların arasında kaybolmuş. Biraz sonra da yanında kendi gibi güzel birkaç denizkızıyla, delikanlının çalgısını dinlemeye geri dönmüş.

Artık her gün bu güzel denizkızları delikanlının çalgısını dinlemeye gelir, delikanlı da güzel kızları etrafına alıp en güzel şarkılarını çalarmış. Kış gelip de deniz dalgalanıp kararınca, denizkızları delikanlıyı alıp bir mağaraya götürmüşler. Buraya ne rüzgâr eser, ne de soğuk girermiş. Böylece delikanlı güzel şarkılarını çalmaya devam etmiş.

Zamanla delikanlı kendisini ilk gören denizkızına âşık olmuş. Onun kalbini kazanmaya çalışmış. Ama denizkızına ne vakit sevgisinden söz açsa, güzel kız başını sallar, dalgaların arasında kaybolurmuş.

(*) Çenk: Harpa benzeyen, telli bir çalgı.

Sonunda delikanlı öyle üzülmeye başlamış, hayatının tadı öyle kaçmış ki, güzel kızın aşkını kazanmazsa, ölmeyi düşünür olmuş.

Düşünüp taşındıktan sonra, adanın ortasındaki kocaman dağda bir mağarada oturan büyücü kadını ziyarete gitmiş. Ona başına gelenleri anlatmış. Büyücü kadın, «Gecenin gündüze çevrildiği, ama horozların henüz ötmediği zamana dek beklemelisin. Sonra sevgilinin saçından tutar, ne olursa olsun, gün ağarıp horozlar ötünceye kadar bırakmazsın. Denizkızı ne şekle girerse girsin, sakın bırakma, yoksa onu hepten kaybedersin,» demiş.

Böylece delikanlı tekrar deniz kıyısına inmiş, güneş batarken mağaranın başında beklemeye başlamış. Çok geçmeden kara dalgaların arasından denizkızları çıkıp kayaların üzerine oturmuşlar, hayranlıkla delikanlıyı dinlemeye başlamışlar. Biricik aşkı güzel denizkızı da onlara gelip, yanındaki kayanın üzerine oturmuş. Yüzü ellerinin arasında, hayran hayran, gözleri neşe dolu, delikanlıyı dinlemiş.

Bütün gece adam çalgısını çalmış. Sonunda ay batıp etraf aydınlanmaya başlamış. Her taraf çok sessizmiş. Ama genç adamın horozun neredeyse öteceğinden şüphesi yokmuş. Birden elindeki çalgısını bırakıp sevgilisinin saçlarının ipek tellerini avucunun içine almış. «Sen benim biricik sevgilimsin. Benimle evlenmeye söz vermeden seni bir yere bırakmam,» demiş.

Bu sırada öbür denizkızları denizin derinliklerinde kaybolup gitmişler. Genç adam sevgilisiyle baş başa kalmış. Güzel kız saçlarını delikanlının avucundan kurtaramayacağını anlayınca, birden vahşi bir köpek olup ısırmaya, havlamaya başlamış.

Delikanlı yine de onu bırakmamış. Sevgilisi zehirli bir yılan olmuş, tekmeleyen bir deve olmuş. Ellerinin içinde ateş bile olmuş, ama delikanlı sevgilisini bırakmamış. İşte o sırada birden horozlar ötmeye başlamış. Sevgilisi de tekrar eski güzel haline dönmüş. Yumuşak elini delikanlının avucuna koymuş, sevgi dolu güzel gözleriyle ona bakmış. Ve kendisini evlenecekleri köye götürmesi için yalvarmış. İki sevgili o gün köyde evlenmişler.

Güzel bir evleri olmuş. Birlikte çok mutlu yaşamışlar. Bir de güzel oğlan çocukları olmuş. Ama bütün bu zaman içinde denizden gelen güzel kız bir kelime bile konuşmamış. Genç adam buna öyle üzülürmüş ki, artık hayatta karısının konuşmasından daha çok istediği bir şey kalmamış.

Sonunda bir çare bulmak ümidiyle büyücü kadına gitmeye karar vermiş. Büyücü kadına gittiğinde, ihtiyar bir şey salık vermiş, ama bunu karısı çok kederliyken denemesini söylemiş.

Genç adam kulübesine geri döndüğünde ocağı yakmış. Ocak iyice kızınca, çocuğu kucağına alıp karısına, «Karıcığım, eğer konuşmazsan oğlunuzu ateşe atacağım!» demiş ve sanki alevli kömürlerin içine oğlunu bırakacakmış gibi eğilmiş.

Karısı birden yerinden fırlamış. «Kötü adam, çocuğumu rahat bırak,» diyerek çocuğu elinden kaptığı gibi birden yok oluvermiş, tekrar denize dönmüş. Ama denizkızları, artık anne oldu diye onu aralarında istememişler. Böylece o da delikanlının müziğini dinlemeye geldikleri mağaranın yakınlarında, derin bir gölün kenarındaki bir dereye gitmiş. Bir daha oradan ayrılmamış. Genç adam da bir daha karısına kavuşmamış. Yalnız yılda bir kez, denizin derinliklerinde onu eskisi gibi genç ve güzel olarak görür, seyredermiş.